주제설교 모음 3

신령과 진정으로 예배할 것은

이재록 목사

우림

아버지께 참으로 예배하는 자들은
신령과 진정으로 예배할 때가 오나니 곧 이때라
아버지께서는 이렇게 자기에게 예배하는
자들을 찾으시느니라
하나님은 영이시니 예배하는 자가
신령과 진정으로 예배할지니라

요 4:23~24

신령과 진정으로
예배할 것은

펴내는 글

싯딤 나무는 이스라엘 광야에서 많이 자랍니다. 이 나무는 땅 속 수십 미터까지 뿌리를 내리고 지하수를 찾아내 생명을 유지합니다. 언뜻 보기엔 땔감으로밖에 쓰일 데가 없을 것 같지만 어떤 나무보다 목질이 단단하고 내구력이 강합니다.

하나님께서는 이 나무로 증거궤(언약궤)를 만들고 황금으로 입혀 지성소에 두게 하셨습니다. 지성소는 하나님이 임재하시는 거룩한 곳으로서 대제사장민이 들어갈 수 있는 곳입니다. 이와 마찬가지로 생명력 있는 하나님 말씀에 깊이 뿌리를 내린 사람은 하나님 앞에 귀히 쓰임받을 뿐 아니라, 그 삶 가운데 풍성한 복을 누립니다.

예레미야 17장 8절에 "그는 물가에 심기운 나무가 그 뿌리를 강변에 뻗치고 더위가 올지라도 두려워 아니하며 그 잎이 청청하며 가무는 해에도 걱정이 없고 결실이 그치지 아니함 같으리라" 하신 대로이지요. 여기서 물이란 영적으로 하나님 말씀을 의미하며 이런 축복을 받은 사람은 하나님 말씀이 선포되는 예배를 소중히 여깁니다.

예배란 신에게 경의를 나타내며 경배하는 의식입니다. 곧 하나님께 존경과 찬양과 영광을 돌려 드리는 의식으로서 하나님께 감사하며 높여 드리는 것입니다. 하나님께서는 구약 시대에나 오늘날이나 신령과 진정으로 예배하는 사람을 찾아 축복하십니다.

이러한 예배에 대해 자세히 기록한 부분이 바로 구약 성경의 레위기입니다. 어떤 사람은 구약 시대의 제사법이니 우리와 상관없다고 말하지만 그렇지 않습니다. 구약의 제사법이 오늘날의 예배에 의미가 그대로 담겨 있기 때문입니다. 구약의 제사와 마찬가지로 신약의 예배는 하나님을 만나는 길입니다. 흠 없이 드렸던 구약의 제사법에 담긴 영적인 의미를 이어받아야 신약의 예배 역시 신령과 진정으로 드릴 수 있습니다.

이 책은 구약의 제사법인 번제와 소제, 화목제, 속죄제, 속건제에 대하여 살펴봄으로써 신약 시대의 우리에게 어떠한 교훈과 의미를 주는지, 어떻게 예배하며 하나님을 섬겨야 하는지에 대해 구체적으로 알려 줍니다. 특별히 제사법의 이해를 돕기 위해 회막의 전경과 성소, 지성소의 내부, 기구 등을 컬러 화보에 담아 설명하였습니다. 아울러 칼럼 뷰(Column

View)에서는 영적 예배를 통해 삶이 변화되고 축복받아 가는 성도들의 간증을 소개합니다.

하나님께서는 "내가 거룩하니 너희도 거룩할지어다"(레 11:45 ; 벧전 1:16) 하시며 우리가 레위기에 나온 제사법을 온전히 이해하여 거룩한 삶을 영위하기를 원하십니다. 구약의 제사와 신약의 예배에 대해 분명히 깨닫고 자신의 예배 자세를 점검함으로 하나님이 기뻐 받으시는 예배를 드릴 수 있기 바랍니다.

솔로몬이 일천 번제를 드려 하나님을 기쁘시게 한 것처럼 사랑과 감사의 향을 담아 신령과 진정으로 예배를 드림으로 하나님 앞에 귀히 쓰임 받으며 물가에 심긴 나무처럼 풍성한 축복을 누리시길 주님의 이름으로 축원합니다.

2010년 2월

이재록 목사

CONTENTS

Worship in Spirit and in Truth

Chapter 1

하나님이 받으시는 영적 예배

구약의 제사와 신약의 예배

신령과 진정으로 드리는 예배

하나님이 받으시는 예배를 드리려면

신령과 진정으로 예배드리는 삶

하나님은 영이시니 예배하는 자가 신령과 진정으로 예배할지니라

요한복음 4:24

구약의 제사와 신약의 예배

원래 첫 사람 아담은 하나님과 밝히 교통할 수 있는 존재였습니다. 그러나 사단의 유혹을 받아 범죄한 뒤 하나님과의 교통이 끊어지고 말았습니다. 이런 아담과 그의 후손들을 위해 하나님께서는 죄 사함과 구원의 길을 예비하시고 하나님과 교통할 수 있는 통로를 열어 주셨습니다. 하나님이 은혜로 마련해 주신 그 통로가 바로 구약 시대의 제사입니다.

구약 시대의 제사는 사람들이 고안해 낸 아이디어가 아닙니다. 하나님께서 직접 가르쳐 주고 계시해 주신 것입니다. 레위기 1장 1절에 "여호와께서 회막에서 모세를 부르시고 그에게 일러 가라사대"라고 기록된 것에서 알 수 있습니다. 또한 아담의 아들인 아벨과 가인이 하나님께 제사드린 것을 통해 짐작할 수 있지요(창 4:2~4).

이러한 제사의 종류는 의미에 따라 번제, 소제, 화목제, 속죄제, 속건제 등으로 구분되어 있고, 예물 또한 죄의 경중과 형편에 따라 소, 양,

염소, 비둘기, 밀가루로 차등을 두는 등 일정한 규례가 있습니다. 또한 제사를 주관하는 제사장은 생활을 절제하며 몸가짐을 단정히 하고 거룩하게 구별된 에봇을 입고 정성스럽게 준비한 제물을 규정된 방법에 따라 드렸습니다. 이처럼 제사는 복잡하고 엄격한 형식과 절차를 좇아야 하는 행위적인 의식이었습니다.

구약 시대에는 사람이 죄를 지을 때마다 짐승을 잡아 그 피로 속죄제를 드려야 용서받을 수 있었습니다. 그런데 해마다 늘 같은 제사로 드리는 짐승의 피가 사람의 죄를 온전히 해결할 수는 없습니다. 일시적인 속죄이므로 온전한 것이 아닙니다. 사람의 죄를 온전히 대속하는 것은 사람의 생명으로만 가능하기 때문이지요.

고린도전서 15장 21절에 "사망이 사람으로 말미암았으니 죽은 자의 부활도 사람으로 말미암는도다" 했습니다. 그래서 하나님의 아들이신 예수님께서 사람의 몸을 입고 이 땅에 오셔서 아무 죄 없이 십자가에 달려 피 흘려 죽으신 것입니다. 예수님이 단번에 희생 제물이 되셨으니(히 9:28) 더 이상 복잡하고 엄격한 의식을 좇는 피의 제사가 필요 없습니다.

히브리서 9장 11~12절에 "그리스도께서 장래 좋은 일의 대제사장으로 오사 … 염소와 송아지의 피로 아니하고 오직 자기 피로 영원한 속죄를 이루사 단번에 성소에 들어가셨느니라" 하신 대로 영원한 속죄를 이루셨기 때문입니다.

이제는 우리가 예수 그리스도를 인하여 피의 제사가 아니라 하나님 앞에 당당히 나아가 거룩한 산 제사를 드릴 수 있게 되었습니다. 이것이 신약에서의 예배입니다. 예수님께서 십자가에 못 박혀 피 흘리심으로 단번에 영원한 제사를 드리셨기 때문에(히 10:11~12) 이로써 우리 죄가 대속되었다는 사실을 마음으로 믿어 예수 그리스도를 영접하면 죄 사함을 받을 수 있습니다. 이것은 행위적인 의식이 아니라 마음으로 믿는 믿음의 행함으로서, 하나님이 기뻐하시는 거룩한 산 제사이며 영적 예배입니다(롬 12:1).

그렇다 해서 구약의 제사가 폐해진 것은 아닙니다. 구약이 그림자라면 신약은 실체입니다. 모든 율법이 그런 것처럼, 구약의 제사법 또한 예수님으로 인해 신약에 와서 완전케 되었습니다. 신약 시대에는 그 형식만 예배로 바뀐 것이지요. 구약의 제사가 흠 없고 정결한 제물로 드려질 때 하나님께 열납되었듯이 신약의 예배도 신령과 진정으로 드려야 하나님께서 기쁘게 받으십니다. 구약 시대의 엄격한 제사 형식과 절차는 단순히 외적인 의식만을 강조하는 것이 아니라 깊은 영적 의미를 갖고 있습니다. 오늘날 하나님 앞에 드리는 예배 자세를 점검하는 지표가 됩니다.

먼저 이웃과 형제 또는 하나님 앞에 범한 과오에 대해 보상하거나 행함으로 책임을 진 후(속건제), 한 주 동안의 삶을 돌아보며 죄를 고백하여 용서를 구하고(속죄제), 정결한 마음으로 정성을 다하여 예배드려야 합니다(번제). 한 주간 지켜 주신 하나님의 은혜에 감사하는 예물(소제)과 특별한 마음의 소원을 아뢰는 예물(화목제)을 정성껏 준비하고 힘껏 드림으로써 하나님을 기쁘시게 할 때 하나님께서는 우리 마음의 소원을 이루어 주시고 세상을 이길 힘과 능력을 주십니다. 이렇게 신약의 예배에는 구약의 여러 제사의 의미가 포함됩니다. 구약 시대의 제사법에 대해서는 3장 이하에서 구체적으로 살펴보겠습니다.

신령과 진정으로 드리는 예배

요한복음 4장 23~24절에 "아버지께 참으로 예배하는 자들은 신령과 진정으로 예배할 때가 오나니 곧 이때라 아버지께서는 이렇게 자기에게 예배하는 자들을 찾으시느니라 하나님은 영이시니 예배하는 자가 신령과 진정으로 예배할지니라" 말씀하십니다. 이는 예수님이 사마리아 지방을 지나다가 '수가'라는 동네에 이르렀을 때 우물가에서 만난 여인에게 말씀하신 내용입니다. 여인은 자신에게 물을 달라며 말을 건네는 예수님께 평소 궁금했던 예배 장소에 대하여 질문하였습니다(요 4:19~20).

당시 유대인들은 성전이 있는 예루살렘에서 제사를 드렸지만, 사마리아인들은 그리심 산의 산당에서 제사를 드렸습니다. 솔로몬의 아들 르호보암 때에 이스라엘이 남과 북으로 갈라진 뒤 북이스라엘에서 백성이 예루살렘 성전으로 가는 것을 막으려고 그곳에 산당을 세웠기 때문입니다. 이런 사실을 알고 있던 여인은 과연 어디에서 예배드리는 것이 옳은지 궁금했지요.

이스라엘 백성에게 예배 장소는 중요한 의미가 있습니다. 성전은 하나님께서 임재하시는 곳이므로 거룩하게 구별하였고, 우주의 중심이라 믿었기 때문입니다. 그러나 어디에서 예배를 드리느냐보다 어떠한 마음으로 드리느냐가 더 중요했기 때문에 예수님께서는 자신이 메시아임을 밝히면서 이제는 예배에 대한 인식도 새로워져야 함을 깨우쳐 주신 것입니다.

그러면 신령과 진정으로 드리는 예배란 어떤 것일까요? 신령으로 드리는 예배란 성경 66권 말씀을 성령의 감동 감화 충만함 속에서 마음에 양식 삼고 우리 안에 계시는 성령과 함께 마음 중심으로 예배드리는 것을 말합니다. 또 진정으로 드리는 예배란 하나님께 대한 바른 이해아 함께 몸과 마음과 뜻과 성성을 다하여 하나님을 사랑하는 중심으로 기쁨과 감사, 기도와 찬양, 행함과 예물로써 드리는 것입니다.

하나님은 우리의 외모나 드리는 예물의 많고 적음에 따라 받는 것이 아니라 각자 처한 형편에서 얼마나 정성껏 드리는지를 보십니다. 정성껏 준비된 마음에서 드리는 예배와 자원하여 드리는 예물은 하나님께서 기쁘게 받으시고 마음의 소원에 응답하십니다. 그러나 무례하게 드리는 예배나 정성된 마음 없이 사람을 의식하여 드리는 예물은 받지 않으십니다.

하나님이 받으시는 예배를 드리려면

예수 그리스도로 말미암아 모든 율법이 완성된 신약 시대를 사는 우리는 더욱 온전한 예배를 드려야 합니다. 사랑으로 율법을 완성하신 예수 그리스도께서 우리에게 주신 가장 큰 계명은 사랑이며 예배는 우리가 하나님을 사랑하는 중심의 표현이기 때문입니다. 입술로는 하나님을 사랑한다 말하면서도 예배 자세를 보면 과연 하나님을 사랑하는 중심인지 의아하게 느껴지는 경우가 있습니다.

우리가 윗사람을 만난다 해도 복장과 자세, 마음을 단정하게 합니다. 선물을 하나 드린다 해도 흠이 없는 것으로 정성껏 준비하지요. 하물며 하나님은 우주 만물의 창조주시요, 모든 피조물로부터 영광과 찬송을 받으실 분입니다. 신령과 진정으로 예배드리려면 창조주 하나님 앞에 결코 무례함이 없어야 합니다. 혹 부지중에 행하는 무례함은 없는지 돌아보아 몸과 마음과 뜻과 정성을 다하여 예배에 임해야 합니다.

예배 시간에 지각하지 말아야 합니다

예배를 드리는 것은 보이지 않는 하나님의 영적 주권을 인정하는 행위로서, 하나님께서 정하신 규례와 법도를 따라 행할 때 마음에서 하나님을 인정하는 것이 됩니다. 따라서 어떠한 이유에서든지 예배 시간에 지각하는 것은 하나님 앞에 무례히 행하는 것입니다.

예배 시간은 하나님께 드리기로 약속된 시간이므로 마땅히 예배 시작 전에 미리 도착하여 기도하고 마음을 정돈하며 예배드릴 준비를 갖춰야 합니다. 우리가 대통령과의 만남이 있다 해도 먼저 가서 정성된 마음으로 준비하고 기다릴 것입니다. 하물며 그와는 비교할 수도 없이 크고 영화로우신 하나님을 만나는 시간에 늦는다거나 허겁지겁 달려와서는 안 되지요.

예배 시간에 말씀 듣기에 전념해야 합니다

목자는 하나님께서 기름 부어 세운 주의 종이므로 구약 시대의 제사장과 같습니다. 하나님을 대신하여 거룩한 단에서 말씀을 전하도록 세워진 목자는 양 떼를 천국으로 인도하는 안내자입니다. 그러므로 하나님께서는 목자에게 무례히 행하거나 불순송하는 것을 하나님께 무례히 행하고 불순종하는 것으로 여기십니다.

출애굽기 16장 8절을 보면 하나님께서는 출애굽한 이스라엘 백성이 모세를 원망하고 대적했을 때 하나님을 원망하고 대적한 것이라 하셨습니다. 또 사무엘상 8장 4~9절에는 백성이 사무엘 선지자에게 불순종했을 때 하나님께 한 것이라 하셨지요. 따라서 목자가 하나님을 대신하여 말씀을 전할 때 옆 사람과 이야기한다거나 마음에 잡념으로 가득 차 있다면 하나님 앞에 무례히 행하는 것입니다.

또한 예배 시간에 졸거나 잠을 자는 행위도 무례한 것입니다. 회의를 주재하는 대통령 앞에서 장관이 존다면 얼마나 무례한 일입니까? 마찬가지로 신령과 진정으로 예배드려야 할 주님의 몸 된 성전에서 졸거나 잠을 잔다면 하나님과 목자, 그리고 믿음의 형제 앞에 무례한 것입니다.

상한 심령으로 예배하는 것도 합당치 않습니다. 즉 마음에 감사와 기쁨이 없이 근심 속에서 예배를 드린다면 하나님께서 받지 않으시지요. 그러므로 하늘의 소망 가운데 주실 말씀을 기대하며, 구원의 은혜와 사랑에 감사하는 마음으로 예배에 임해야 합니다. 또 하나님께 기도하는 사람을 흔들거나 말을 건네는 것도 무례한 행동입니다. 윗사람과 대화 중인 사람의 말을 끊어서는 안 되는 것처럼, 하나님과 기도로써 대화하고 있는 사람을 방해하는 것은 무례한 일입니다.

술이나 담배를 하고 예배에 참석하는 일이 없어야 합니다

초신자로서 아직 믿음이 연약하여 술, 담배를 끊지 못하는 것을 하나님께서 죄 있다 하시지는 않습니다. 그러나 세례를 받고 교회의 직분을 가진 사람이 여전히 술, 담배를 한다면 하나님 앞에 무례한 것입니다. 또한 초신자라 해도 예배에 참석하는 시간만큼은 술, 담배를 하지 않아야 합니다.

보통, 하나님을 믿지 않는 사람들도 교회에 갈 때에는 술과 담배를 하지 않는 것이 마땅한 도리라고 생각합니다. 술과 담배로 인해 발생

하는 많은 문제나 죄악을 생각해 보아도 하나님의 자녀로서 어떻게 해야 할지 진리로 분별할 수 있지요.

담배는 각종 암을 유발하는 등 몸에 해롭고 술에 취하면 잘못된 행동, 언어가 나오는 것을 볼 수 있습니다. 하나님의 자녀로서 본이 되는 것이 아니라 오히려 영광을 가리기도 합니다. 그러니 정녕 믿음이 있다면 이런 구습을 신속히 벗어 버려야 합니다. 비록 초신자라 해도 최선을 다해 버리기 위해 노력해 나가는 것이 하나님에 대한 참된 예의이지요.

예배 분위기를 흐리지 말아야 합니다

성전은 하나님 앞에 예배하고 기도하며 찬양하는 거룩한 곳입니다. 거룩하게 구별된 성전에서 예배 시간에 어린아이가 울거나 마구 떠들며 돌아다니도록 내버려 둔다면 성도들이 마음을 다해 예배드릴 수 없으니 하나님께 무례한 것입니다.

또한 성전에서 혈기를 내거나 사업이나 오락 등 세상 이야기를 하는 것도 무례한 행함입니다. 예배드릴 때에 껌을 씹는다거나 옆 사람과 웃고 떠드는 행위, 예배 도중에 일어나 나가는 행위 등도 마찬가지입니다. 모자를 쓰거나 티셔츠, 운동복 같은 차림 또는 슬리퍼를 신고 예배드리는 것도 예의에서 벗어난 모습입니다. 외모가 중요한 것은 아니지만 외모를 통해 그의 마음 됨과 중심이 표현되기도 하고 예배를 준비하는 정성이 나타나기 때문입니다.

이와 같이 하나님이 어떤 분이며 무엇을 원하시는지에 대해 올바른 이해가 있어야 하나님이 받으시는 영적 예배를 드릴 수 있습니다. 우리가 하나님이 원하시는 예배 곧 신령과 진정으로 예배드릴 때에 하나님께서는 깨닫는 능력을 주셔서 마음 깊이 새기게 하고 행함으로 열매를 맺게 하며 삶 속에도 놀라운 은혜와 축복을 주십니다.

신령과 진정으로 예배드리는 삶

신령과 진정으로 예배드리면 우리의 삶이 새로워집니다. 하나님께서는 우리의 삶 전체가 신령과 진정으로 예배드리는 삶이 되기를 원하십니다. 그러면 하나님께서 기뻐 받으시는 영적 예배를 드리기 위해서는 삶 속에서 어떻게 행해야 할까요?

항상 기뻐해야 합니다

참된 기쁨은 기뻐할 일이 있을 때만이 아니라 괴롭고 힘든 일이 있을 때도 마음에서부터 솟아나는 기쁨입니다. 우리가 구세주로 영접한 예수 그리스도는 그 자체가 우리에게 항상 기뻐할 수 있는 조건이 되십니다. 예수 그리스도는 우리의 모든 저주를 담당해 주신 분이기 때문입니다.

멸망의 길로 갈 수밖에 없었던 우리를 위하여 보혈을 흘려 모든 죄를 대속하였고 가난과 질병을 담당해 주셨으며 눈물, 고통, 근심, 사망 등 모든 흉악의 결박을 풀어 주셨습니다. 또한 사망 권세를 깨뜨리고 부활하여 우리에게 부활의 소망을 주셨으며 참 생명과 아름다운 천국을 소유하게 하셨습니다.

이러한 기쁨의 근원 되시는 예수 그리스도를 믿음으로 소유했다면 당연히 기뻐할 수 있습니다. 내세의 아름다운 소망이 있고 영원한 행복이 주어질 것이니 혹여 먹을 양식이 없다 해도, 가정의 문제가 있다 해도, 어떠한 환난과 핍박으로 둘러싸인 삶이라 해도 이런 현실은 아무런 상관이 없습니다. 내 안에 채워진 하나님의 사랑이 변하지 않고 천국 소망이 흔들리지 않는다면 기쁨도 결코 사라지지 않는 것입니다. 이처럼 하나님의 은혜와 천국의 소망이 가득하여 어느 순간에도 기쁨이 샘물처럼 솟아날 때 어려움이 더 신속하게 축복으로 바뀝니다.

쉬지 말고 기도해야 합니다

쉬지 않고 기도한다는 것에는 세 가지 의미가 있습니다. 우선, 항상 습관을 좇아 기도하는 것입니다. 예수님도 사역하시는 동안 조용한 곳을 찾아 습관을 좇아 기도하셨습니다. 다니엘은 하루 세 차례 규칙적으로 기도했고, 베드로와 사도들도 기도 시간을 지켰습니다. 우리도 항상 습관을 좇아 기도의 양을 채움으로 성령의 기름이 고갈되지 않게 해야 합니다. 그래야 예배드릴 때도 하나님 말씀을 깨우칠 수 있고, 말씀대로 살아갈 능력을 받을 수 있습니다.

다음으로, 무시로 성령 안에서 기도하는 것입니다. 우리가 습관을 좇아 기도하는 시간 외에도, 때때로 성령께서 마음에 강권적으로 기도를 주관하실 때가 있습니다. 이럴 때 순종하여 기도함으로 어떤 어려움을 피하거나 불의의 사고에서 지킴 받는 등 특별한 체험을 한 간증을 종종 들어볼 수 있지요.

마지막으로, 주야로 하나님 말씀을 묵상하는 것입니다. 이는 어디서, 누구와, 무엇을 하든지 마음에 항상 진리가 살아 운동력 있게 역사해야 한다는 말입니다.

기도는 영의 호흡과 같습니다. 육의 호흡을 멈추면 죽는 것처럼, 기도를 멈추면 영이 쇠약해지고 죽어갑니다. 시간을 정해 부르짖는 기도만이 아니라 말씀을 주야로 묵상하고 지켜 나갈 때라야 쉬지 않고 기도하는 것이라 할 수 있습니다. 이렇게 하나님 말씀이 그 마음에 머물러 성령의 교통 속에 살아갈 때 범사에 형통하며 성령의 인도를 밝히 받을 수 있습니다.

"먼저 그의 나라와 의를 구하라" 말씀한 대로 우리가 자신보다 하나님의 나라를 위해 곧 하나님의 섭리와 영혼 구원을 위해 기도하면 더 크게 축복해 주십니다. 그런데 어려운 문제나 아쉬운 것이 있을 때는 기도하지만 평안할 때는 기도를 쉬는 사람이 있고, 성령 충만할 때는 열심히 기도하지만 충만함이 떨어지면 기도를 쉬는 사람도 있습니다.

그러나 우리는 항상 마음을 다하여 하나님께서 기뻐하시는 기도의 향을 올려 드려야 합니다. 그러지 못하고 기도할 말을 억지로 짜내어 한다거나 졸음과 잡념을 이기려고 애쓰면서 시간을 채운다면 그 시간이 얼마나 힘들고 어렵겠습니까? 어느 정도 믿음이 있다 하는데도 이처럼 하나님과 대화하는 것이 힘들고 부담스럽다면 하나님을 사랑한다 고백하기가 민망하지요. 만약 '내 기도가 영적으로 막힌 것 같다. 정체되어 있는 것 같다.' 생각하는 분이 있다면 얼마나 기뻐하고 감사하는지를 돌아보시기 바랍니다.

마음에 기쁨과 감사가 항상 있다면 반드시 성령의 충만함 속에 기도하게 되며 기도가 정체되는 것이 아니라 더 깊은 차원을 뚫어가게 됩니다. 힘들어 기도를 못하는 것이 아니라 오히려 힘들 때일수록 더 하나님의 은혜에 갈급하여 기도하게 되고 더 간절히 부르짖어 능력을 구하므로 한 단계 한 단계 더 큰 믿음으로 성장하게 되지요.

이렇게 중심 다해 쉬지 않고 부르짖으면 기도의 열매가 풍성히 맺힙니다. 어떤 연단이 있을 때도 기도 시간을 지키며 마음 다해 부르짖은 만큼 믿음과 사랑의 영적인 깊이가 더해지며, 다른 사람에게도 은혜를 끼치게 됩니다. 그러니 기쁨과 감사 가운데 쉬지 않고 기도하여 영육 간에 아름다운 열매들로 응답받아야 하겠습니다.

범사에 감사해야 합니다

여러분에게는 어떤 감사의 조건이 있습니까? 무엇보다 죽을 수밖에 없던 우리가 구원받아 천국에 갈 수 있으니 감사하고 일용할 양식과 건강 주심에 감사하며 그 밖의 모든 것이 다 감사의 조건입니다. 또한 어떤 고난과 연단을 만난다 해도 감사할 수 있는 이유는 바로 전능하신 하나님을 믿기 때문입니다.

하나님께서는 우리의 모든 형편과 상황을 아시며 모든 기도를 들으십니다. 어떤 연단 속에서도 끝까지 하나님을 의지하면 하나님께서는 결국 그 연단을 통해 더욱 아름다운 모습으로 나올 수 있도록 인도해 가시지요.

이런 하나님을 참으로 신뢰한다면 주님의 이름으로 고난받을 때는 물론, 설령 자신의 실수나 부족함으로 인해 연단을 받을 때에도 오직 감사만 할 수 있습니다. 자신의 모습이 부족할수록 약한 자를 강하게 하고 온전케 하시는 하나님의 능력에 더 감사할 수 있으며, 현실이 어려울수록 축복 주실 하나님을 믿음으로 인해 감사할 수 있는 것입니다. 이렇게 끝까지 믿음으로 감사하며 나갈 때는 결국 모든 것이 합력하여 선을 이루고 축복으로 변하게 됩니다.

항상 기뻐하고 쉬지 않고 기도하며 범사에 감사하는 것은 우리가 신앙생활을 통해 영육 간에 얼마나 열매를 맺었는지 점검해 볼 수 있는 척도가 됩니다. 어떤 상황에서도 기뻐하려고 애쓰며 기쁨의 씨앗을 심어 나가는 만큼, 그리고 감사의 조건을 찾아서 중심으로 감사하는 만큼 더 많은 기쁨과 감사의 열매가 맺히게 됩니다. 기도도 마찬가지입니다. 우리가 힘쓰고 애써 기도해 나갈 때 더 큰 기도의 능력과 응답을 열매로 거두게 되지요.

그러므로 항상 기뻐하고 쉬지 말고 기도하며 범사에 감사하는(살전 5:16~18) 삶을 통해 날마다 하나님께서 원하시고 기뻐하시는 영적 예배를 드림으로 영육 간에 크고 풍성한 열매를 맺으시기 바랍니다.

레위기에 나타난 구약의 제사

여호와께서 회막에서 모세를 부르시고 그에게 일러 가라사대
이스라엘 자손에게 고하여 이르라 너희 중에 누구든지 여호와께 예물을 드리려거든
생축 중에서 소나 양으로 예물을 드릴지니라

레위기 1:1~2

레위기의 중요성

흔히 성경 중에 신약의 요한계시록과 구약의 레위기를 가장 이해하기 어려운 분야라고 말합니다. 그래서 사람들이 성경을 읽으면서 그 부분은 건너뛰기도 하고 어떤 사람은 구약 시대의 제사법은 오늘날 우리와는 상관이 없다고 생각하기도 하지요. 하지만 우리와 상관이 없는 내용이라면 하나님께서 성경에 기록하여 우리에게 주실 이유가 없습니다. 신약뿐 아니라 구약의 모든 말씀도 우리 신앙생활에 반드시 필요한 말씀이기에 하나님께서 성경에 기록하게 하신 것입니다(마 5:17~19).

구약 시대에 행해지던 제사법이라 해서 신약 시대에는 그 내용을 버리는 것이 아닙니다. 모든 율법이 그렇듯이 구약의 제사법 또한 예수님으로 인해 신약에 와서 완전케 된 것입니다. 구약의 제사는 오늘날의 예배로서, 우리가 하나님 전에 나와 예배하는 모든 과정 가운데 구약의 제사법의 의미가 들어 있습니다. 구약의 제사법과 그 의미를 밝히 알면 어떻게 예배하고 어떻게 하나님을 섬겨야 하는지 깨우치게 되므로 하나님을 만나고 체험하며 축복받는 지름길로 갈 수 있습니다.

레위기는 오늘날 하나님을 믿는 모든 사람에게 해당되는 중요한 말씀입니다. 베드로전서 2장 5절에 "너희도 산 돌같이 신령한 집으로 세워지고 예수 그리스도로 말미암아 하나님이 기쁘게 받으실 신령한 제사를 드릴 거룩한 제사장이 될지니라" 말씀한 대로 예수 그리스도를 통해 구원받은 사람은 누구나 구약 시대의 제사장들처럼 하나님께 직접 나갈 수 있게 되었기 때문입니다.

레위기는 크게 두 분야로 구분되는데 먼저 앞부분은 우리의 죄가 어떻게 사해지는지 곧 죄를 사하기 위한 제사법과, 하나님과 백성 사이에서 제사를 담당하는 제사장의 자격과 의무에 대한 내용이 있습니다. 그리고 뒷부분은 하나님께 택함받은 거룩한 백성들이 범하지 말아야 할 죄에 대하여 상세히 기록하고 있습니다. 그러니 하나님을 믿는 사람이라면 누구나 하나님과의 거룩한 관계를 어떻게 유지할 것인지 레위기에 기록된 하나님의 뜻을 알아야 하지요.

레위기에 기록된 제사법은 우리가 어떻게 예배드려야 하는지 그 방법론을 설명합니다. 오늘날 우리가 예배를 통하여 하나님을 만나고 응답과 축복을 받는 것처럼 구약 시대에는 제사를 통해 죄 사함을 받고 하나님의 역사를 체험했습니다. 그러나 예수 그리스도 이후에는 성령이 우리 안에 오셔서 우리가 신령과 진정으로 예배를 드림으로 성령의 역사 가운데 하나님과 교통할 수 있게 되었습니다.

히브리서 10장 1절에 "율법은 장차 오는 좋은 일의 그림자요 참 형상이 아니므로 해마다 늘 드리는 바 같은 제사로는 나아오는 자들을 언제든지 온전케 할 수 없느니라" 말씀합니다. 본체가 있으면 그림자가 있습니다. 오늘날 예수 그리스도를 통해 우리가 예배드릴 수 있게 된 것이 본체요, 구약에는 그림자인 제사를 통해 하나님과의 관계를 이어갔던 것입니다.

그런데 하나님께 드리는 제사는 하나님께서 원하시는 규정대로 드려야 합니다. 사람이 자기 방법대로 드린다면 하나님께서 받지 않으십니다. 창세기 4장을 보면 하나님께서는 하나님의 뜻을 따라 드린 아벨의 제사는 받으셨지만 자기 생각에 좋은 대로 드린 가인의 제사는 받지 않으셨습니다.

오늘날 예배도 마찬가지로 하나님께서 원하시는 방법이 있으며 그에서 벗어나면 하나님과는 상관이 없습니다. 우리가 응답받고 축복받을 수 있는 예배, 하나님께서 원하시는 예배는 어떤 예배인지 그 실질적인 내용이 바로 레위기의 제사법 가운데 담겨 있습니다.

회막에서 모세를 부르신 하나님

레위기 1장 1절을 보면 "여호와께서 회막에서 모세를 부르시고 그에게 일러 가라사대" 했습니다. 회막은 출애굽 이후 광야에 머물던 이스라엘 백성이 언제라도 이동할 수 있도록 지은 성전으로서, 하나님께서는 그곳에서 모세를 부르신 것입니다. 회막은 일반적으로 성소와 지성소로 이루어진 성막(출 30:18, 30:20, 39:32, 40:2)을 말하며, 성막을 포함하여 성막의 뜰과 뜰을 두르고 있는 포장을 함께 일컫기도 합니다(민 4:31, 8:24).

출애굽한 이스라엘 백성은 가나안 땅을 향해 가면서 오랫동안 광야생활을 했기에 수시로 이동해야 했습니다. 이런 이유로 하나님께 제사드리는 장소로서의 성전도 고정된 건물로 짓지 못하고 이동하기 쉽게 장막으로 건축할 수밖에 없었습니다. 그래서 이를 장막성전이라고도 부릅니다.

출애굽기 35~39장에는 성막 건축에 대하여 구체적으로 나옵니다. 하나님께서는 모세에게 친히 성막의 구조와 건축 재료를 알려 주셨습니다. 모세가 성막 건축에 필요한 재료들을 회중에게 전하자 모두가 성막 건축에 유용한 금이나 은, 동, 놋, 온갖 보석, 청색 자색 홍색 실과 가는 베실, 수양의 가죽, 염소털, 해달의 가죽 등 무엇이나 즐거이 가져왔으므로 모세가 더 가져오는 것을 금할 정도였습니다(출 36:5~7).

이처럼 성막은 이스라엘 온 회중이 자원하여 드린 예물로 지어졌습니다. 출애굽하여 도망하듯 가나안 땅을 향해 가는 긴 여행길의 이스라엘 백성에게 있어서 성막 건축에 드는 비용은 결코 적은 것이 아니었을 것입니다. 집도 토지도 없고 농사를 지어 재산을 모을 수 있는 상황도 아니었기 때문입니다. 그러나 하나님의 처소가 마련되면 하나님께서 그들 가운데 거하시겠다는 약속을 기대하며 모든 비용과 수고를 기쁨과 즐거움으로 감당했습니다.

　애굽에서 극심한 학대와 고역으로 시달리던 이스라엘 백성에게 가장 절실한 것은 고달픈 노예생활로부터의 해방이었을 것입니다. 이에 하나님께서는 그들을 출애굽시켜 구원하신 후 그들과 함께 거하기 위해 성막 건축을 명하셨습니다. 그들에게는 지체할 이유가 없었고 성막은 이렇게 이스라엘 백성의 즐거운 헌신이 기초가 되어 세워진 것입니다.

　회막 안에는 성소가 있고 그 성소를 지나 안으로 들어가면 지성소, 곧 지극히 거룩한 장소가 있는데 그 안에는 하나님의 증거궤(언약궤)가 있습니다. 하나님 말씀을 담은 증거궤가 있다는 것은 하나님께서 그곳에 함께하신다는 증표입니다. 성전 전체가 다 하나님의 전으로 거룩한 장소이지만 특별히 지성소는 더욱 구별되어 거룩한 장소로 정해진 곳입니다. 그곳은 오직 대제사장만이 그것도 1년에 단 한 번 들어가 하나님 앞에 속죄의 제사를 행하도록 허락되었습니다. 성소는 제사장이 들어가 제사를 드리는 곳으로 일반 백성은 성소나 지성소 안으로 들어갈 수 없었지요. 죄인들은 결코 하나님 앞에 가까이할 수 없기 때문입니다.

　그런데 오늘날은 예수 그리스도로 말미암아 우리 모두가 하나님 앞에 나가는 것이 허락되었습니다. 마태복음 27장 50~51절을 보면 "예수께서 다시 크게 소리 지르시고 영혼이 떠나시다 이에 성소 휘장이 위로부터 아래까지 찢어져 둘이 되었다" 했지요. 예수님께서 우리 죄를 대속하기 위해 자기 몸을 드려 십자가에서 죽으실 때에 지성소와 우리 사이를 막고 있던 휘장이 찢어져 둘이 되었습니다.

여기에 대해 히브리서 10장 19~20절에는 "우리가 예수의 피를 힘입어 성소에 들어갈 담력을 얻었나니 그 길은 우리를 위하여 휘장 가운데로 열어 놓으신 새롭고 산 길이요 휘장은 곧 저의 육체니라" 했습니다. 예수님께서 몸을 드려 죽으심으로 휘장이 찢기었다는 것은 하나님과 우리 사이에 막힌 죄의 담이 허물어졌음을 의미합니다. 이로써 예수 그리스도를 믿는 사람은 누구나 죄 사함 받아 거룩하신 하나님 앞으로 나갈 길이 열린 것입니다. 전에는 제사장만이 하나님께 나갈 수 있었지만 이제는 우리도 하나님과 직접 교통할 수 있게 된 것이지요.

회막의 영적인 의미

그러면 오늘날 회막이 우리에게는 영적으로 어떤 의미가 있는 것일까요? 회막은 오늘날 성도들이 예배하는 교회이며, 성소는 주를 믿고 영접한 우리의 몸이요, 지성소는 성령께서 거하시는 우리의 마음입니다. 고린도전서 6장 19절을 보면 "너희 몸은 너희가 하나님께로부터 받은 바 너희 가운데 계신 성령의 전인 줄을 알지 못하느냐" 말씀하셨습니다. 우리가 예수를 구세주로 영접하면 하나님께서 선물로 주시는 성령이 우리 안에 계시기 때문에 우리 마음과 몸은 거룩한 성전인 것입니다.

또한 고린도전서 3장 16~17절을 보면 "너희가 하나님의 성전인 것과 하나님의 성령이 너희 안에 거하시는 것을 알지 못하느뇨 누구든지 하나님의 성전을 더럽히면 하나님이 그 사람을 멸하시리라 하나님의 성전은 거룩하니 너희도 그러하니라” 했지요. 눈에 보이는 하나님의 성전을 항상 정결하고 거룩하게 지켜야 하는 것처럼 성령께서 성전 삼고 계신 우리 몸과 마음 또한 항상 정결하고 거룩하게 지켜나가야 하는 것입니다.

하나님의 성전을 더럽히는 사람은 하나님께서 멸하신다 말씀한 대로 비록 성령을 받은 하나님의 자녀라 해도 자신을 죄악으로 계속 더럽혀간다면 성령이 소멸되어 구원받을 수 없게 됩니다. 성령께서 거하시는 몸된 성전, 곧 우리의 마음과 행실을 거룩하게 할 때라야 우리가 온전한 구원에 이를 뿐 아니라 하나님과 깊이 교통할 수 있는 것입니다.

그러므로 회막에서 모세를 부르셨다는 것은 오늘날 성령께서 우리 안에서 우리를 부르시고 교통을 이루신다는 의미가 됩니다. 구원받은 하나님의 자녀라면 아버지 하나님과 당연히 교통할 수 있어야 합니다. 기도할 때도 성령으로 기도하며 예배드릴 때도 신령과 진정으로 하나님과 교통을 이루는 가운데 드릴 수 있어야 합니다.

구약 시대에는 사람들이 죄로 인하여 거룩하신 하나님과 교통할 수 없었기 때문에 대제사장만이 회막 안의 지성소에 들어가 하나님께 제사할 수 있었습니다. 그러나 오늘날은 하나님의 자녀라면 누구나 성전 안에 들어가서 예배하고 기도하며 하나님과 교통할 수 있게 되었지요. 이는 예수 그리스도께서 모든 죄를 대속해 주셨기 때문입니다.

우리가 예수 그리스도를 영접하면 성령께서 마음 안에 거하시며 지성소로 삼고 계십니다. 그리고 하나님께서 회막에서 모세를 부르신 것처럼 성령께서는 마음 가운데서 우리를 부르시며 교통하기 원하시지요. 성령의 음성을 들려주고 주관하셔서 진리 가운데 살게 하며 하나님에 대해 깨닫게 하시는 것입니다. 이처럼 성령의 음성을 밝히 들으려면 마음의 죄악을 벗어 버리고 성결되어야 합니다. 우리가 성결을 이루면 성령의 음성을 밝히 들을 수 있고 영육 간에 축복이 넘쳐납니다.

회막의 형태

회막의 구조는 매우 간단합니다. 회막에 들어가기 위해서는 동쪽에 있는 약 9m 너비의 출입문을 통과해야 합니다. 회막의 뜰에 들어서면 제일 먼저 놋으로 만든 번제단을 만나게 되며, 이 번제단과 성소 사이에는 물두멍이 있습니다. 물두멍을 지나면 회막의 중심 부분인 성소와 지성소에 이릅니다.

성소와 지성소로 이루어진 성막의 크기는 너비가 4.5m, 길이 13.5m, 높이는 4.5m입니다. 건물은 은으로 된 기초 위에 서 있고, 벽은 아카시아나무(조각목)에 금을 입힌 기둥형 널판을 이어 만들었으며, 지붕은 그룹들을 무늬 놓아 짠 앙장(仰帳), 염소털로 만든 앙장, 숫양의 가죽, 해달의 가죽 등 네 겹의 덮개로 덮여 있습니다.

성소와 지성소는 그룹을 수놓은 휘장을 사이에 두고 나뉘어 있습

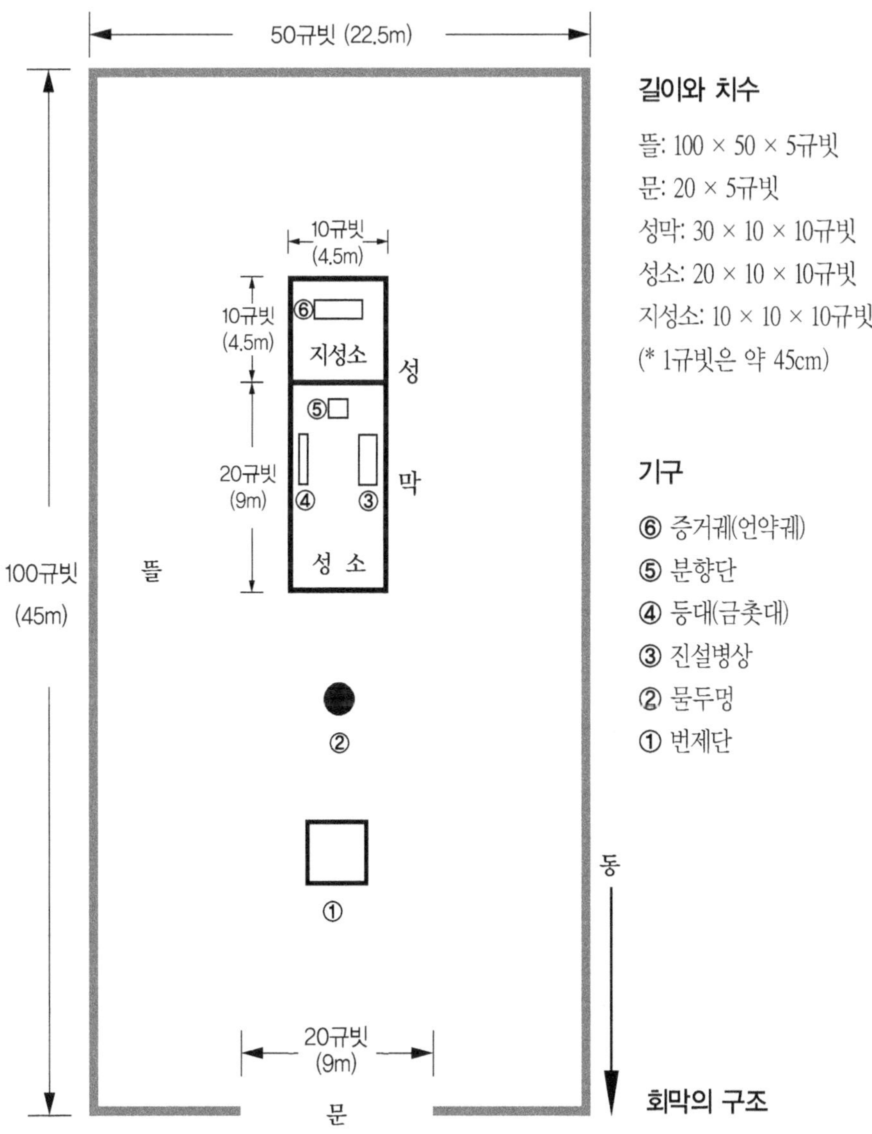

길이와 치수

뜰: 100 × 50 × 5규빗

문: 20 × 5규빗

성막: 30 × 10 × 10규빗

성소: 20 × 10 × 10규빗

지성소: 10 × 10 × 10규빗

(* 1규빗은 약 45cm)

기구

⑥ 증거궤(언약궤)

⑤ 분향단

④ 등대(금촛대)

③ 진설병상

② 물두멍

① 번제단

회막의 구조

니다. 성소의 크기는 지성소의 2배이며 이곳에는 정금을 입혔거나 정금
으로 만들어진 진설병상, 등대, 분향단이 있습니다. 지성소에는 여호와
의 증거궤(언약궤)와 속죄소가 있지요.

이를 다시 정리하면 첫째, 지성소는 하나님이 임재하시는 거룩한 곳
으로서 하나님의 증거궤가 있고 증거궤 위에는 속죄소가 있습니다. 대
제사장은 일 년에 한 번 대속죄일에 들어가 속죄소에 피를 뿌려 백성을
대신하여 속죄하였습니다. 전부가 정금으로 단장되어 있고 증거궤 속
에는 십계명이 기록된 돌판 두 개와 만나를 담은 항아리, 아론의 싹 난
지팡이가 들어 있습니다.

둘째, 성소는 제사장이 들어가 제사를 드리는 곳으로서 정금으로
된 분향단, 등대, 진설병상이 있습니다.

셋째, 물두멍은 성소에 출입하는 제사장이나 지성소에 출입하는 대
제사장이 손발을 씻고 들어가도록 물을 담아두는 놋그릇입니다.

넷째, 번제단은 제물을 불태워 제사를 드릴 수 있도록 준비된 곳으
로서 불에 강한 놋으로 만들었습니다. 번제단의 불은 성막이 완성되었
을 때 하나님께서 친히 내려 주셨습니다(레 9:24). 하나님께서는 번제단
위에 항상 불을 피워 꺼지지 않게 하고 매일 일 년 된 어린 양으로 아침
과 저녁에 제사를 드리도록 명하셨습니다(출 29:38~43 ; 레 6:12~13).

회막 전경

뜰 안에는 번제단(출 30:28), 물두멍(출 30:18), 성막(출 26:1, 36:8)이 있고 그 둘레는
세마포장(출 27:9)으로 둘려 있다. 성막에 들어가는 문은 동쪽에 하나밖에 없는데
(출 27:13~16) 이는 유일한 구원의 문이신 예수 그리스도를 상징한다.

성막 덮개

성막은 4개의 덮개가 중첩되어 도리워 있다.
맨 아래에 그룹을 수놓은 앙장, 그 위에 염소털로 만든 앙장,
그 위에 붉은 물 들인 숫양의 가죽 그리고 맨 위에 해달의 가죽으로 만든
덮개가 있다. 잘 보이도록 벗겨 놓은 모습이다.

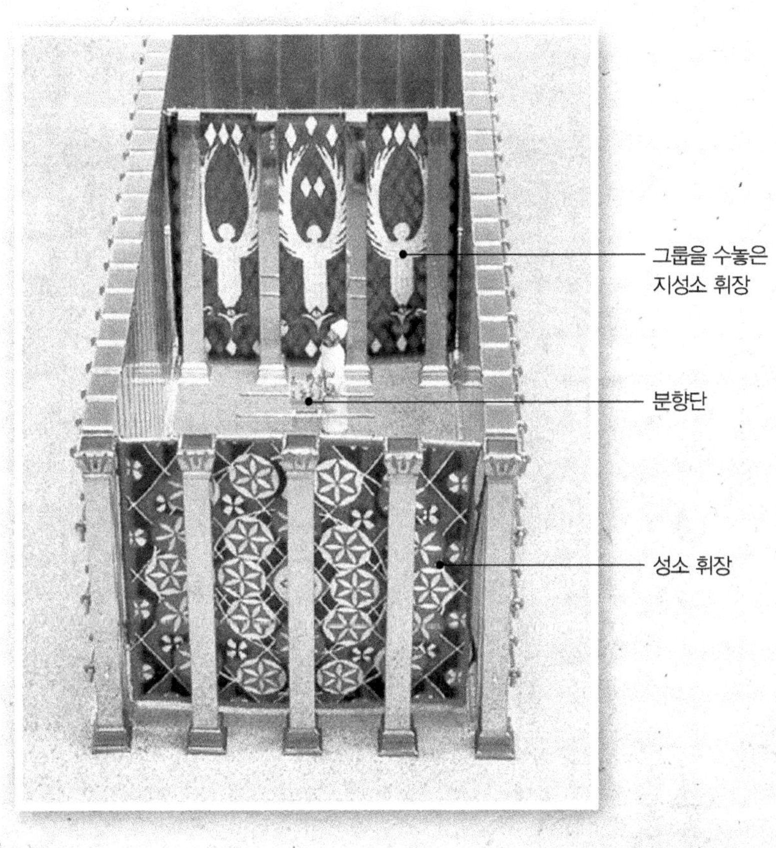

덮개를 벗기고 본 성소

앞에 성소의 휘장이 있고 뒤에 향을 피우는 분향단과
지성소의 휘장이 보인다.

성소의 내부

성소 가운데에 정금 등대(출 25:31)와 진설병상(출 25:30), 그리고 뒤쪽에는
향을 피우는 분향단(출 30:27)이 있다.

분향단

진설병상

등대

지성소의 모습

지성소의 내부를 보기 위해 성소 후면 벽을 제거한 모습.
증거궤와 속죄소가 있고 뒤에 지성소 휘장이 보인다.
흰옷을 입은 대제사장이 일 년에 한 번씩 지성소에 들어가
속죄의 피를 뿌린다.

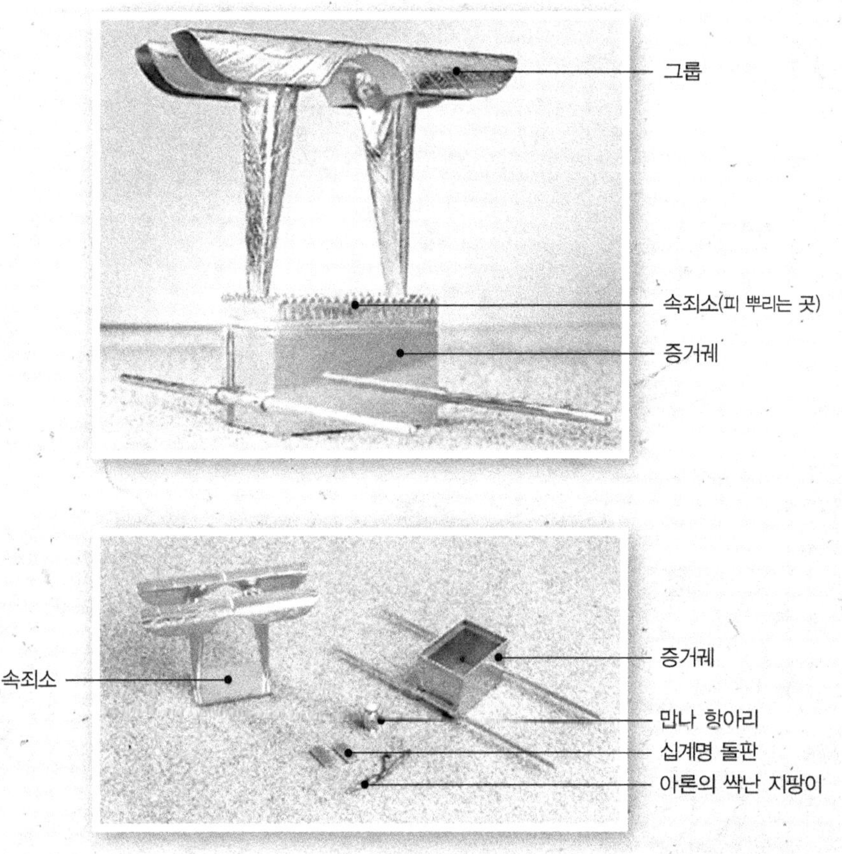

증거궤와 속죄소

지성소에는 정금을 입힌 증거궤와 그 위에 속죄소가 있다.

속죄소란 증거궤 덮개(출 25:17~22)를 말하며 그곳에 일 년에 한 번씩 피가 뿌려진다.

속죄소 두 끝에는 그룹 둘을 두어 그 날개로 속죄소를 덮도록 하였다(출 25:18~20).

증거궤 안에는 십계명이 기록된 두 개의 돌판, 만나를 담은 항아리, 아론의 싹난 지팡이가 들어 있다.

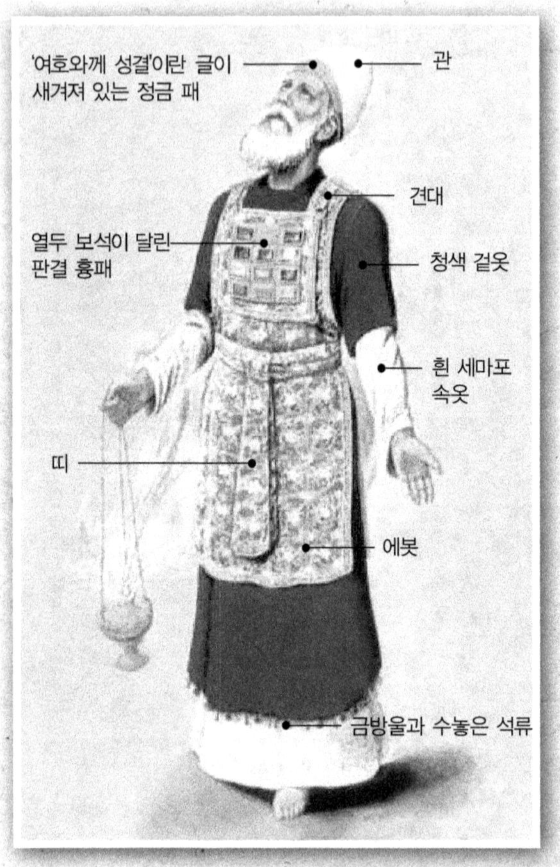

대제사장의 예복

대제사장은 성전 관리와 제사 의식 등을 감독하고 일 년에 한 번 지성소에 들어가 제사를 지냈다. 대제사장 직분을 승계한 사람은 대제사장의 옷과 우림과 둠밈을 소지해야
했다. 하나님의 뜻을 묻기 위해 사용하던 우림과 둠밈이라는 보석은 대제사장이 에봇 위에 겹쳐 입은 흉패 주머니에 두었다. 우림은"빛"을, 둠밈은"완전케 함"을 의미한다.

소나 양으로 예물을 드리게 하신 영적인 의미

레위기 1장 2절을 보면 "이스라엘 자손에게 고하여 이르라 너희 중에 누구든지 여호와께 예물을 드리려거든 생축 중에서 소나 양으로 예물을 드릴지니라" 말씀하셨습니다. 하나님의 자녀들은 예배를 드리면서 십일조, 감사, 건축, 구제 등 여러 예물을 드립니다. 그런데 하나님께서는 예물을 드리려거든 생축, 곧 살아 있는 가축 중에서 소나 양으로 드리라 하십니다. 이 말씀에는 영적인 의미가 있으므로 오늘날은 문자 그대로 행하는 것이 아니라 영적인 의미를 깨우쳐 하나님의 뜻대로 행해야 합니다.

그러면 생축, 곧 살아 있는 가축 중에서 예물을 드린다는 것은 영적으로 어떤 의미일까요? 하나님 앞에 신령과 진정으로 예배하여 거룩한 산 제사, 곧 영적 예배를 드려야 한다는 것입니다(롬 12:1). 예배 시간뿐만 아니라 일상생활 속에서도 항상 깨어 기도하며 하나님 앞에 거룩하게 살아가는 우리가 되어야 합니다. 그럴 때 우리의 예배와 모든 예물이 거룩한 산 제사로 드려지며 영적 예배로 하나님 앞에 인정받을 수 있는 것입니다.

하나님께서는 왜 생축 중에서 소나 양으로 예물을 드리게 하셨을까요? 이는 소와 양이 모든 짐승 중에서도 인류의 구원을 위해 화목 제물이 되어 주신 예수님을 나타내기에 가장 적절한 짐승이기 때문입니다. 먼저 소가 예수님과 닮은 면이 무엇인지 살펴보기로 하겠습니다.

소는 사람의 짐을 대신 져 줍니다

소가 사람의 짐을 지는 것처럼 예수님도 우리의 죄짐을 대신 져 주셨습니다. 마태복음 11장 28절에 "수고하고 무거운 짐진 자들아 다 내게로 오라 내가 너희를 쉬게 하리라" 하셨습니다. 사람마다 부귀영화, 지식과 명예, 그 밖의 원하는 것들을 얻기 위해 얼마나 수고하고 애쓰며 살아가는지요. 이렇게 사람은 여러 가지 짐을 질 뿐 아니라 무엇보다도 죄의 짐을 지고 여러 가지 시험 환난, 고통을 당하며 살아갑니다.

그런데 예수님께서 제물이 되셔서 속죄의 피를 흘려 주시고 십자가에 죽으심으로 인생의 모든 수고와 짐들을 대신 져 주셨습니다. 주님을 믿음으로 이제 모든 수고와 죄짐을 내려놓고 마음에 안식과 평안을 누릴 수 있는 것입니다.

소는 사람에게 해를 끼치지 않으며 오직 유익만 줍니다

소는 사람에게 순종하여 노동력을 제공할 뿐 아니라 젖과 고기와 가죽을 줍니다. 머리에서 꼬리까지 버릴 것이 없지요. 예수님도 오직 사람에게 유익만 주셨습니다. 가난한 사람, 병들고 소외된 사람들에게 천국 복음을 증거하여 위로와 소망을 주시며 흉악의 결박을 풀어 주고 질병과 연약함을 치료해 주셨지요. 주무시거나 드시지 못하면서도 어찌하든 더 많은 사람에게 하나님 말씀을 가르치기에 힘쓰셨으며 마침내 십자가에 달려 생명을 내어 줌으로 지옥에 갈 수밖에 없는 죄인들에게 구원의 길을 열어 주셨습니다.

소는 고기를 주어 사람에게 영양분을 공급합니다

예수님께서도 사람에게 살과 피를 주어 양식 삼게 하셨습니다. 요한복음 6장 53~54절을 보면 "인자의 살을 먹지 아니하고 인자의 피를 마시지 아니하면 너희 속에 생명이 없느니라 내 살을 먹고 내 피를 마시는 자는 영생을 가졌고 마지막 날에 내가 그를 다시 살리리니" 하셨지요.

예수님은 하나님 말씀이 육신을 입고 이 땅에 오신 분입니다. 그러므로 예수님의 살을 먹고 피를 마신다는 것은 하나님 말씀을 양식 삼아 그대로 지켜 행하는 것을 의미합니다. 사람이 음식을 먹고 마셔야 살 수 있는 것처럼 하나님 말씀을 먹고 양식 삼아야만 영원한 생명을 얻어 천국에 들어갈 수 있습니다.

소는 땅을 갈아 비옥한 토양으로 변화시켜 줍니다

예수님도 사람의 마음밭을 개간시킵니다. 마태복음 13장에 보면 길가밭, 돌밭, 가시 떨기밭, 좋은 밭 등 사람의 마음을 네 가지 밭으로 비유한 말씀이 나옵니다. 예수님께서 모든 죄를 대속해 주셨기 때문에 성령께서 우리 마음에 오셔서 능력을 주십니다. 성령의 도우심으로 우리 마음이 좋은 밭으로 변화될 수 있습니다. 모든 죄를 사하신 예수님의 보혈을 의지하여 기도하고 진리대로 열심히 순종해 나갈 때 옥토와 같이 기름지고 좋은 밭으로 변화됩니다. 그래서 심는 것마다 30배, 60배, 100배로 거두며 영육 간에 축복받아 가는 것이지요.

다음으로, 양이 예수님과 닮은 면은 무엇일까요?

양은 온유합니다

세상에서도 온유한 사람을 순한 양에 비유하는데 누구보다 온유하신 분은 바로 예수님입니다. 이사야 42장 3절을 보면 "상한 갈대를 꺾지 아니하며 꺼져가는 등불을 끄지 아니하고 진리로 공의를 베풀 것이며" 하셨지요. 악하고 패역한 영혼들이나 회개하고도 거듭 범죄하는 인생들에 대해서도 그들이 돌이키도록 끝까지 참아 주시는 것입니다. 예수님은 만물을 창조하신 하나님의 아들이요, 능히 모든 사람을 멸하실 수 있는 권세가 있지만 악한 사람들이 예수님을 십자가에 못 박을 때도 그들에 대하여 참고 사랑하셨습니다.

양은 순종합니다

양은 목자가 몰고 가는 대로 순종하여 따라가며 털을 깎아도 가만히 있습니다. 고린도후서 1장 19절에 "하나님의 아들 예수 그리스도는 예 하고 아니라 함이 되지 아니하였으니 저에게는 예만 되었느니라" 말씀한 대로 예수님도 자기의 뜻을 내세우지 않고 죽기까지 하나님께 순종만 하셨습니다. 평생토록 하나님께서 원하시는 때에, 원하시는 장소에 가셨으며 하나님께서 원하시는 일만 하셨습니다. 그리고 다가올 십자가의 고난을 잘 아셨지만 아버지의 뜻대로 이루기 위해 순종하여 십자가를 지신 것입니다.

양은 깨끗합니다

여기서 말하는 양은 아직 교미하지 않은 일 년 된 숫양을 말합니다(출 12:5). 사람으로 비유하면 청년기의 사랑스럽고 순결한 때로서 바로 흠도 점도 없이 순결하신 우리 예수님에 비유할 수 있지요. 또 양은 털과 고기와 젖을 제공하며 사람에게 해를 끼치지 않고 유익만 줍니다. 앞서 말씀드린 대로 예수님께서도 살과 피를 주셨고 마지막 생명까지 다 우리를 위해 내어 주셨습니다. 오직 아버지 하나님께 순종하여 그 뜻을 이루어 드리고 하나님과 죄인들 사이의 담을 헐어 주셨지요. 그리고 오늘날도 우리의 마음을 개간하여 정결하고 기름진 옥토로 만들어 가시는 것입니다.

구약 시대에 소와 양으로 사람의 죄를 대속한 것처럼 예수님께서는 친히 제물이 되어 십자가에 못 박히심으로 자기 피로 영원한 속죄를 이뤄 주셨습니다(히 9:12). 이 사실을 믿는 우리는 예수님이 어떠한 모습으로 하나님께서 받으실 만한 제물이 되셨는지 밝히 깨달아 우리를 구원하신 예수 그리스도의 사랑과 은혜에 늘 감사하며 주를 본받는 삶을 살아야 하겠습니다.

가정예배를 통해 믿음으로 하나 된 우리 가족

내가 무릇 내 이름을
기념하게 하는 곳에서 네게
강림하여 복을 주리라
(출 20:24)

아내의 전도에도 오랫동안 꿈쩍 않던 한 남자가 있었습니다. 1996년 겨울, 그는 아내에게 줄 크리스마스 선물이라 생각하고 교회에 등록했습니다. 그 뒤, 일요일이면 아내의 눈치를 보며 한 주는 산으로, 한 주는 교회로 발걸음을 옮겼지요.

그러던 2000년 6월 어느 주일, 암벽 등반 도중 실수로 균형을 잃고 추락하고 말았습니다. 다행히 큰 사고는 아니었지만 2년 뒤 또 한 차례 추락 사고를 경험하고 나니 겁이 나 결국 2005년에 산행과 작별을 고했습니다.

그토록 즐기던 산행을 그만두자, 할일이 없어졌습니다. 무료하던 차에 아내의 권유로 금요철야예배에 동행하게 되었습니다. 금요철야예배에 처음 참석한 그는 성도들의 열정적인 예배 모습에 놀라지 않을 수 없었지요.

'이렇게 늦은 시간에 이 많은 사람이 무엇 때문에 잠도 자지 않고 교회에 나와 찬양하고 기도하는가?'

지금까지는 교회만 왔다갔다하는 교인이었지만 이제부터는 성도로서 다시 태어나고 싶다는 열망이 뜨겁게 일었습니다.

하나님 은혜가 임하니 그는 가족의 신앙을 점검해 보게 되었습니다. 얼마 후면 부모의 품을 떠날 장성한 아이들이지만 타성에 젖어 교회 다니는 모습이 안타깝고 안심이 되지 않았습니다. 사랑하는 아이들에게 믿음을 굳게 심어줄 방안이 필요했지요. 그때 떠오른 것이 '가정예배'였습니다. 하나님을 만난 뒤 가정예배를 드리며 축복의 단을 쌓았다는 이재록 목사님의 간증이 생각난 것입니다.

2008년 7월 어느 토요일 밤, 온 가족이 둘러앉아 준비찬양을 시작했습니다. 가장인 그가 말씀을 준비하고 아내와 큰 딸, 아들이 교대로 대표기도, 사회, 특송을 맡았습니다. 처음 얼마 동안은 서먹하고 영 매끄럽지 못했지요. 아이들에게 '형제님, 자매님' 하려니 어간 어색한 것이 아니었습니다.

그는 매주 주보에 실린 설교를 활용해 말씀을 준비했는데 그 과정에서 가족 모두 믿음이 성장하는 것을 느꼈습니다. 그 시간을 통해 가족이 신앙의 공감대를 형성해 나간 것입니다.

하루는 아들이 "그동안 헌금을 제대로 하지 않은 것을 회개하는 마음으로 첫 월급의 반을 하나님께 드리겠다"고 고백하는 것을 들으며 가정예배 드리길 정말 잘했다는 생각이 들었다고 합니다. 하나님의 은혜가 충만한 가정으로 거듭나게 된 비결이 바로 가정예배에 있었던 것입니다.

번제

제사장은 그 전부를 단 위에 불살라 번제를 삼을지니 이는 화제라
여호와께 향기로운 냄새니라

레위기 1:9

번제의 의미

레위기에 제일 먼저 등장하는 제사법인 번제는 여러 제사 가운데 가장 오랜 역사를 지닌 제사입니다. 번제라는 말의 어원에는 '올라가게 하다'는 뜻이 있으며 이는 제단 위에서 희생 제물을 완전히 불태워 드리는 제사로서 하나님께 대한 인간의 온전한 희생과 헌신, 자발적인 봉사를 상징합니다. 제물로 가져온 짐승을 불태워 그 향기로운 냄새로 하나님을 기쁘시게 하는 이 제사법은 가장 보편적으로 드려진 제사로서 예수님께서 우리의 죄를 담당하고 완전한 희생 제물이 되셔서 여호와께 향기로운 제사가 되었다는 사실을 예표합니다(엡 5:2).

향기로운 냄새로 하나님을 기쁘시게 한다 해서 하나님께서 제물로 드린 짐승의 냄새를 맡으신다는 의미는 아닙니다. 하나님께서는 제물을 드린 사람의 마음의 향을 받으십니다. 얼마나 중심에서 하나님을 경외하는지, 얼마나 하나님을 사랑함으로 드리는지를 보시며, 그 마음의 정성과 사랑을 받으시는 것입니다.

짐승을 잡아 번제로 드리는 것은 우리의 생명 자체를 하나님께 드리며 하나님께서 우리에게 명하신 모든 규례를 지켜 드리는 것을 뜻합니다. 즉 하나님 말씀 가운데 온전히 거하며 우리의 모든 삶을 정결하고 거룩하게 하나님 앞에 드리는 것이 번제의 영적인 의미이지요.

이는 오늘날로 말하면 부활절, 맥추절, 추수감사절, 성탄절 등 각종 절기예배를 포함하여 우리가 드리는 모든 주일 예배로서, 성전에 나와 예배하는 것은 우리의 삶을 하나님께 드리며 하나님 뜻대로 살겠다는 마음의 표현입니다. 이렇게 주일에 하나님께 예배하며 그날을 거룩하게 지키는 것은 우리가 구원받은 하나님의 자녀요, 우리 영혼이 하나님께 속해 있다는 증거가 됩니다.

번제의 예물

하나님은 번제로 드릴 예물로 흠 없는 수컷을 드리라 명하셨습니다. 흠 없는 수컷은 예물의 완전성을 의미합니다. 수컷의 예물을 원하시는 것은 대체로 수컷이 암컷보다 지조가 있고 좌우로 치우치지 않으며 간사함이나 흔들림이 없기 때문입니다. 또한 흠 없는 예물로 드리라는 것은 예배할 때에 신령과 진정으로 예배드려야 하며 상한 심령으로 예배해서는 안 된다는 뜻입니다.

우리가 부모님께 선물을 드릴 때에도 사랑과 정성을 담아 기쁨으로 드릴 때 기쁘게 받으실 것입니다. 억지로 드린다면 기쁘게 받을 수가 없지요. 마찬가지로 마음에 기쁨이 없이, 또는 피곤과 졸음, 잡념 속에 예배를 드린다면 하나님께서 받지 않으십니다. 우리의 중심이 하늘의 소망 가운데 기쁨으로 충만하고 구원의 은혜와 주님의 사랑에 감사하는 중심으로 예배드려야 기쁘게 받으시는 것입니다. 그럴 때에 하나님께서는 시험 환난이 와도 피할 길을 주시며 범사에 형통하게 하십니다.

특별히 레위기 1장 5절에 수송아지를 잡으라 하였는데 이는 아직 어려서 교미하지 않은 송아지로서 영적으로 예수 그리스도의 깨끗하고 순전함을 가리킵니다. 따라서 여기에는 우리가 깨끗하고 순결한 어린아이의 심령으로 하나님 앞에 나오기를 원하신다는 의미가 있습니다. 어리광을 부리거나 철없는 행동을 하라는 것이 아니라 영적으로, 단순하여 순종을 잘하고 교만하지 않은 어린아이의 좋은 점을 본받으라는 말씀이지요.

송아지는 뿔이 자라지 않아 들이받지 않고 악이 없는데 이 역시 어린아이와 같이 순하여 겸손하고 온유하신 예수 그리스도를 상징합니다. 예수 그리스도는 하나님의 아들이며 흠 없고 완전한 분이시므로 그분을 비유하는 제물도 이렇게 흠 없고 깨끗한 것이어야 합니다.

말라기 1장 6~8절을 보면 "너희는 이르기를 우리가 어떻게 주의 이름을 멸시하였나이까 하는도다 너희가 더러운 떡을 나의 단에 드리고도 말하기를 우리가 어떻게 주를 더럽게 하였나이까 하는도다 … 너희가 눈먼 희생으로 드리는 것이 어찌 악하지 아니하며 … 이제 그것을 너희 총독에게 드려 보라 그가 너를 기뻐하겠느냐 너를 가납하겠느냐”
하며 부패하고 불완전한 예물로 제사 드리는 이스라엘 백성을 하나님
께서 크게 책망하십니다. 우리는 참으로 하나님께서 원하시는 흠 없고
온전한 제사 곧 신령과 진정으로 예배를 드려야 합니다.

예물의 종류에 따른 의미

하나님은 공의롭고 인자한 분으로서 사람의 중심을 살피십니다. 그
러므로 예물이 얼마나 크고 좋고 비싼 것이냐가 아니라 그 사람의 환
경과 조건 가운데 얼마나 정성을 다하여 믿음으로 드렸는지를 보십니
다. 고린도후서 9장 7절에 “각각 그 마음에 정한 대로 할 것이요 인색
함으로나 억지로 하지 말지니 하나님은 즐겨 내는 자를 사랑하시느니
라” 말씀한 대로 각기 처한 형편대로 즐거이 드릴 때에 기쁘게 받으시
는 것입니다.

레위기 1장에는 번제의 예물이 소나 양, 염소, 새인 경우에 각각 어떻
게 드려야 하는지 자세히 알려 주셨습니다. 원래 하나님께 번제로 드리
려면 흠 없는 수송아지가 가장 적합하지만 어떤 사람은 소를 드릴 형
편이 되지 않습니다. 그래서 하나님께서는 자비와 긍휼 가운데 각 사람
의 상황과 형편에 따라 양이나 염소, 비둘기를 번제로 드릴 수 있게 하
셨습니다. 이에는 영적으로 어떤 의미가 있을까요?

하나님은 각 사람의 생활 능력에 따라 예물을 받으십니다

사람마다 경제적인 수준이나 형편이 다릅니다. 어떤 사람에게는 대수롭지 않은 금액이라도 다른 사람에게는 큰돈일 수 있습니다. 그래서 자신의 형편에 맞게 양이나 염소, 비둘기를 예물로 드려도 기쁘게 받으셨습니다. 이는 가난하든 부유하든 누구나 제사에 참여하여 형편 내에서 힘대로 드릴 수 있게 하신 공의와 사랑입니다.

만약 부유하여 수송아지를 드릴 수 있는데도 염소를 드렸다면 하나님이 기쁘게 받으실 수 없지만, 양을 드릴 수밖에 없는 사람이 수송아지를 드렸다면 기쁘게 받으시고 응답도 신속히 주십니다. 하나님께서는 소나 양이나 염소, 비둘기 어느 것이든지 모두 여호와께 향기로운 냄새라 말씀하셨습니다(9, 13, 17절). 이는 비록 예물의 정도에는 차이가 있다 해도 우리가 정성으로 드릴 때에 중심을 보시는 하나님께는 모두 향기로운 예물로서 자별이 없다는 뜻입니다.

마가복음 12장 41~44절에 예수님께서 가난한 과부가 연보궤에 헌금하는 것을 보고 칭찬하시는 장면이 나옵니다. 과부가 헌금한 두 렙돈은 당시 가장 작은 화폐 단위인 동전 두 닢이었으나 그녀에게는 생활비 전부였습니다. 이렇게 적은 것이라도 힘대로 즐거이 드릴 때 하나님께서 기쁘게 받으시는 예물이 되는 것입니다.

하나님은 각 개인의 지능에 따라 예배를 받으십니다

하나님 말씀을 들을 때에 각 사람의 지능과 학력, 지식 등에 따라 말씀에 대한 깨우침이나 은혜가 다릅니다. 머리가 좋고 공부를 많이 한 사람에 비해 그렇지 못한 사람은 똑같이 예배를 드린다 해도 말씀을 깨우치거나 명심하는 힘이 약합니다. 하나님께서는 이를 아시기 때문에 각 사람이 지닌 능력 안에서 중심을 다해 예배드리며 하나님 말씀을 깨달아 행하기를 원하십니다.

하나님은 각 사람의 연령에 따라 예배를 받으십니다

사람은 나이가 들수록 기억력과 이해력이 떨어집니다. 그래서 연로한 분 중에는 말씀을 잘 이해하지 못하거나 기억하지 못하는 경우가 있지요. 이러한 경우에도 예배를 잘 드리고자 하는 간절한 마음으로 드린다면 모든 형편을 아시는 하나님께서는 기쁨으로 받으십니다.

여기서 기억할 것은 성령의 감동 가운데 예배를 드리면 지혜나 지식이 부족하거나 나이가 많다 해도 하나님의 능력이 임한다는 사실입니다. 성령의 역사 속에서 말씀을 능히 깨우치고 양식 삼을 수 있도록 도와주시는 것입니다. 그러니 "나는 부족해서" 혹은 "노력해도 잘 안 돼요." 하는 것이 아니라 중심으로 힘써 드리면서 하나님의 능력을 구하면 됩니다. 사랑의 하나님은 각 사람의 환경과 조건 속에서 최선을 다하여 드리는 것을 기쁘게 받으시는 분으로서, 이와 같이 행하도록 레위기에 번제의 예물에 관하여 자세히 기록하고 하나님의 공의로우심을 알려 주신 것입니다.

소의 번제 방법(레 1:3~9)

1) 흠 없는 수컷으로 회막문에서 여호와 앞에 드린다

회막 안에는 성소와 지성소가 있어서 제사장 외에는 성소에 들어갈 수 없었고 더구나 지성소에는 1년에 한 차례 대제사장만이 들어갈 수 있었습니다. 그래서 일반 백성은 성소에 들어가지 못한 채 회막문에서 흠 없는 수컷으로 번제의 예물을 드려야 했습니다.

하지만 오늘날은 하나님과 우리 사이에 막혀 있던 죄의 담을 예수님께서 친히 헐어주심으로 우리가 하나님과 직접 교통할 수 있게 되었습니다. 구약 시대에는 행위로 회막문 앞에서 제사를 드렸지만 신약 시대에는 주님을 믿는 우리의 마음에 성령이 오셔서 성전 삼고 우리와 교통해 주심으로 누구든지 믿음으로 지성소에 계신 하나님 앞에 나아갈 자격을 얻게 된 것입니다.

2) 번제물의 머리에 안수하여 죄를 전가한 후에 잡는다

레위기 1장 4절 이하를 보면 "그가 번제물의 머리에 안수할지니 그리하면 열납되어 그를 위하여 속죄가 될 것이라 그는 여호와 앞에서 그 수송아지를 잡을 것이요" 했습니다. 번제를 드리는 사람이 번제물의 머리에 안수한다는 것은 자신의 죄를 번제물에 전가한다는 표시이며 그래야만 하나님께서 번제물의 피로 인해 죄 사함을 주실 수 있습니다.

　그런데 안수에는 죄를 전가하는 것뿐만 아니라 축복이나 인침 등 여러 가지 의미가 있습니다. 예수님께서 아이들을 축복하거나 질병과 연약함을 고치실 때에도 친히 안수하신 장면이 나옵니다. 사도들이 안수함으로 성령을 받게 하는 경우도 있고 안수를 통해 은사를 충만하게 해 주는 경우도 있으며, 하나님의 것으로 드려졌음을 인치는 의미에서 안수하는 경우도 있지요. 각종 예물에 주의 종이 손을 얹고 축복 기도를 하는 것도 그 예물이 하나님의 것으로 드려지게 하는 의미입니다.

　주일 대예배 후에 축도를 받는 것이나 각종 예배와 기도 후에 주기도문을 하는 것도 하나님께서 기쁘게 받으시도록 하는 의미가 있습니다. 그래서 레위기 9장 22~24절을 보면 하나님께서 알려 주신 방법대로 속죄제와 번제와 화목제를 마칠 때에 대제사장 아론이 백성에게 축복하니 하나님의 영광이 나타난 장면이 기록되어 있습니다. 우리가 안식일을 거룩하게 지켜 하나님 앞에 나와 예배하고 축도로 마무리했을 때 하나님께서는 한 주간을 원수 마귀 사단이 틈타지 못하고 어떤 사고나 시험 환난을 만나지 않도록 지켜 주며 풍성한 축복을 누리게 하시는 것입니다.

　그러면 번제를 드리는 사람이 수송아지를 잡는다는 것은 무슨 의미일까요? 죄의 삯은 사망이므로 자신을 대신하여 짐승을 잡아 죽이는 것입니다. 수송아지는 아직 교미하지 않은 깨끗한 상태이며 마치 천진난만한 어린아이처럼 사랑스럽습니다. 하나님께서는 번제를 드리는 사람이 수송아지처럼 깨끗하고 순결한 어린아이의 심령으로 예물을 드리면서 다시는 죄를 짓지 않기를 원하셨습니다. 그래서 사랑스러운 수송아지를 잡아 죽이면서 스스로 죄를 회개하고 마음을 결단하기를 원하신 것입니다.

사도 바울은 이러한 하나님의 마음을 잘 알고 있기에 예수 그리스도로 말미암아 모든 죄를 사함 받고 하나님의 자녀 된 권세와 능력을 받았음에도 불구하고 날마다 죽는 자가 되었습니다. 고린도전서 15장 31절에 "형제들아 내가 그리스도 예수 우리 주 안에서 가진 바 너희에게 대한 나의 자랑을 두고 단언하노니 나는 날마다 죽노라" 고백한 것은 하나님의 뜻과 반대되는 모든 비진리의 마음, 교만과 욕심, 자신의 틀, 자기 의, 그 밖에 모든 악한 것을 다 벗어 버려야 하나님 앞에 자신의 몸을 거룩한 산 제사로 드릴 수 있기 때문입니다.

3) 제사장은 그 피를 회막문 앞 단 사면에 뿌린다

번제물을 드리는 사람이 자신의 죄를 전가시킨 수송아지를 잡으면 제사장은 피를 받아 회막문 앞 단 사면에 뿌립니다. 레위기 17장 11절에 "육체의 생명은 피에 있음이라 내가 이 피를 너희에게 주어 단에 뿌려 너희의 생명을 위하여 속하게 하였나니 생명이 피에 있으므로 피가 죄를 속하느니라" 말씀한 대로 피는 생명을 의미하기 때문입니다. 그래서 예수님께서 우리의 죄를 대속하실 때에도 보혈을 흘린 것이지요.

단 사면은 동서남북, 사람이 가는 모든 곳을 말합니다. 따라서 단 사면에 피를 뿌린다는 것은 동서남북 어디든지, 발길 닿는 모든 곳에서 행한 죄를 그 피로 다 사함 받는다는 의미가 됩니다. 하나님께서 원하시는 방향, 마땅히 우리가 가야 할 방향에서 벗어나 범한 모든 죄를 다 사함 받는다는 의미입니다.

오늘날도 마찬가지입니다. 단은 하나님 말씀이 선포되는 강대상이요, 예배를 주장하는 주의 종이 바로 피를 뿌리는 제사장의 역할을 하지요. 우리도 예배를 통해 하나님 말씀을 들으며 믿음으로 주님의 보혈을 힘입어 하나님의 뜻과 어긋나게 행한 모든 것들을 사함 받게 됩니다. 이렇게 피로써 사함 받은 후에는 하나님께서 원하시는 방향으로만 가고 하나님께서 원하시는 길로만 행하여 범죄치 않아야 합니다.

4) 번제 희생의 가죽을 벗기고 각을 뜬다

번제물을 드릴 때는 짐승을 하나님 앞에 온전히 불살라 드려야 하는데 가죽만은 불사르지 않고 벗겨냅니다. 가죽은 더럽고 질기고 불에 잘 타지 않을 뿐 아니라 불태우면 고약한 냄새가 납니다. 그러니 깨끗하고 향기로운 예물이 되려면 먼저 가죽을 벗겨내야 했는데 이것은 오늘날의 예배에 있어서 무엇을 의미하는 것일까요?

하나님께서는 예배드리는 사람의 마음의 향을 흠향하시는데, 향기롭지 않은 것은 받지 않으십니다. 하나님 앞에 향기로운 예배가 되기 위해서는 우리가 하나님 앞에 나올 때 "세상의 때가 묻은 겉모습을 벗고 경건하고 거룩한 자세로 나와야 함"을 의미합니다. 살다 보면 하나님 앞에서 꼭 죄라고는 할 수 없지만 경건함이나 거룩함과는 거리가 먼 모습이 나오는 경우가 있지요. 하나님을 믿기 전의 세상적인 모습이 남아 있기도 하고 사치, 허영이나 자랑 같은 것들이 겉으로 드러날 수도 있습니다.

예를 들어, 어떤 사람은 시장이나 백화점에 가는 것을 너무 좋아해서 시간만 나면 습관적으로 쇼핑을 합니다. 혹은 텔레비전 연속극이나 오락 프로그램에 빠져 있는 경우도 있지요. 이처럼 마음을 뺏기다 보면 자칫 하나님의 사랑과 멀어져 버릴 수도 있습니다. 그 밖에도 자신을 돌아보면 세상에서 묻어온 비진리의 모습, 하나님 앞에서 온전하지 않은 모습을 발견할 수 있을 것입니다. 우리가 하나님 앞에 온전해지기 위해서는 이런 것도 다 벗어 버려야 합니다. 더구나 하나님 앞에 나와 예배할 때는 먼저 세상적인 모습들을 다 회개하여 더욱 경건하고 거룩한 심령이 되어야 하는 것입니다.

이처럼 세상에서 묻은 죄의 더러움, 온전하지 못한 모습들을 예배 전에 회개하는 것이 제물의 가죽을 벗기는 것입니다. 그러기 위해서는 예배를 시작할 때도 미리 나와서 예배에 합당한 심령이 되도록 준비해야 합니다. 먼저는 모든 죄를 사하시고 그동안 지켜 주신 하나님께 감사의 기도를 드리고 또한 자신을 돌아보면서 회개 기도를 올려야 하지요.

하나님은 가죽을 벗긴 제물을 각을 떠서 불살라 드림으로 사람의 허물과 죄를 사함받게 하셨고 남은 가죽은 제사장이 유용하게 쓸 수 있도록 허락하셨습니다. 여기서 각을 뜬다는 것은 짐승의 머리를 자르고 다리, 옆구리, 엉덩이 등을 부위별로 자르며 내장도 따로 분리해 내는 것을 말합니다.

우리가 수박이나 사과 같은 과일을 웃어른에게 접대할 때도 통째로 드리는 것이 아니라 껍질을 깎아서 보기 좋게 드리듯이 하나님께 예물을 드릴 때도 통째로 불에 태워 드리는 것이 아니라 정돈된 형식을 따라 드리는 것입니다.

그러면 각을 뜬다는 것은 영적으로 우리에게 어떤 의미가 있을까요?

첫째로, 하나님 앞에 드리는 예배의 종류가 나뉘어 있다는 의미입니다. 주일 대예배와 저녁예배가 있고 그 밖에도 수요예배, 금요예배 등으로 나눠집니다. 이렇게 각각의 예배로 나눠지는 것이 바로 각을 뜨는 것과 같은 의미입니다.

둘째로, 우리가 기도할 때 절도 있게 내용을 나누어 기도하는 것이 바로 각을 뜨는 것과 같습니다. 일반적으로 기도를 할 때 먼저는 회개 기도와 악한 영들을 물리치는 기도, 감사의 기도를 합니다. 그리고 교회와 성전 건축, 주의 종과 일꾼들을 위해, 사명 감당과 자신의 영혼이 잘되기 위해, 마음의 소원을 위해 기도하지요. 이처럼 각종 기도의 제목을 나눠 조목조목 아뢰면서 부르짖어 기도하는 것이 바로 각을 떠서 드리는 것입니다.

물론 우리가 길을 가면서도, 또는 휴식을 취하면서도 기도할 수 있습니다. 잠잠히 하나님과 주님을 생각하고 묵상하면서 교통하는 시간을 가질 수 있지요. 그러나 이렇게 교통하는 시간 외에도 절도 있게 각을 떠서 예물을 드리는 것처럼 조목조목 제목을 가지고 부르짖어 기도하는 시간이 반드시 필요합니다. 그럴 때 하나님께서 기뻐 받으시고 신속히 응답하시는 것이지요.

셋째로, 하나님 말씀 전체가 66권으로 나눠져 있다는 의미입니다. 66권의 성경은 살아 계신 하나님과 예수 그리스도를 통한 구원의 섭리를 통일성 있게 설명하고 있습니다. 그런데 이것이 각 권으로 세분되어 있으며 그러면서도 각 권의 말씀들은 서로 한치의 어긋남도 없이 짝을 이루고 있지요. 이렇게 분야별로 나눠져 있으므로 더 체계적으로 하나님의 뜻이 전달되고 우리가 배우고 양식 삼기에도 좋은 것입니다.

넷째로, 가장 중요한 내용으로서 바로 우리의 예배가 여러 순서로 나뉘어 구성되어 있다는 의미입니다. 예배 전에 먼저 회개의 기도를 하고 묵도로 예배를 시작하여, 주기도문이나 축도로 마칩니다. 그 사이에는 말씀 선포만 있는 것이 아니라 대표 기도와 찬양도 있고 성경 봉독과 헌금 기도 등 여러 순서가 있지요. 각각의 과정이 다 의미가 있는 것이며 이렇게 일정한 순서를 따라 예배하는 것이 제물의 각을 뜨는 것과 같습니다.

모든 부위를 불살라 드려야 온전한 번제가 되듯이 우리가 예배에 지각을 하거나 바쁜 일이 있다 해서 예배 도중에 나가는 것이 아니라 처음부터 끝까지 하나님 앞에 온전히 드려야 한다는 의미입니다. 물론 봉사나 안내 등 교회의 특별한 사명으로 인해 예배 시간에 늦거나 먼저 나가도록 허용하는 경우도 있습니다. 수요예배나 금요예배 같은 경우 너무나 예배를 사모하는데도 직장 일 등 피치 못할 사정으로 늦었다면 하나님은 그의 중심을 보고 예배의 향을 받으십니다.

5) 제사장은 단 위에 불을 두고 불 위에 나무를 벌여 놓는다

번제물의 각을 뜨고 나면 제사장은 모든 부위를 번제단 위에 올려서 불에 태워야 합니다. 그래서 단 위에 불을 두고 불 위에 나무를 벌여 놓으라는 것인데 불은 영적으로 성령의 불을 말하며 불 위에 놓는 나무는 바로 성경 말씀의 문맥, 내용들을 의미합니다. 66권 성경 안에 있는 말씀 하나하나가 장작으로 쓸 나무이지요. 불 위에 나무를 벌여 놓아야 한다는 것은 영적으로 성경의 내용 하나하나를 성령의 역사 가운데 양식 삼아야 한다는 뜻입니다.

예를 들어, 누가복음 13장 33절을 보면 예수님께서 "선지자가 예루살렘 밖에서는 죽는 법이 없느니라" 말씀하셨습니다. 우리가 이 말씀을 문자적으로 보면 무슨 말인지 이해할 수가 없습니다. 사도 바울, 베드로 등 성경에 나오는 많은 하나님의 사람들이 예루살렘 성 밖에서 죽었기 때문입니다. 여기서 예루살렘은 문자 그대로의 의미가 아니라, 하나님의 마음과 뜻이 담긴 성으로서 영적인 예루살렘 곧 "하나님의 말씀"을 뜻합니다. 따라서 선지자가 예루살렘 밖에서는 죽는 법이 없다는 것은 하나님 말씀 안에서 살다가 하나님 말씀 안에서 죽는다는 뜻입니다.

이처럼 성경 말씀을 읽을 때뿐만 아니라 예배 시간에 말씀을 들을 때도 성령의 감동함 가운데 들어야 이해할 수 있습니다. 머리로 이해할 수 없거나 사람의 생각과 이론에는 맞지 않는 말씀도 성령의 감동함이 임하면 깨달을 수 있고 중심에서 믿을 수가 있는 것입니다. 곧 성령의 역사 가운데 하나님 말씀을 깨우쳐야 하나님의 마음과 뜻이 우리 안에 전달되고 심겨지며 우리가 영적으로 성장할 수 있습니다.

6) 뜬 각과 머리와 기름을 단 윗 불 위에 있는 나무에 벌여 놓는다

레위기 1장 8절을 보면 "아론의 자손 제사장들은 그 뜬 각과 머리와 기름을 단 윗 불 위에 있는 나무에 벌여 놓을 것이며" 했습니다. 제사장은 번제를 드리기 위해 각을 뜬 부위들을 순서대로 놓고 머리와 기름도 벌여 놓아야 합니다.

머리를 불사르는 것은 우리 머리에서 나오는 비진리의 생각을 태워 버려야 한다는 것을 의미합니다. 우리가 생각하는 것이 바로 머리에서 나오며 대부분의 죄가 머리로부터 시작되기 때문입니다. 세상 사람들은 행함으로 죄를 범하지 않으면 죄인이라 하지 않으나 요한일서 3장 15절에 "그 형제를 미워하는 자마다 살인하는 자니" 말씀한 대로 하나님은 미움을 마음에 품은 것만으로도 죄라고 하십니다.

예수님께서는 2천여 년 전에 이미 우리의 모든 죄를 대속해 주셨습니다. 손과 발로, 행함으로 지은 죄뿐 아니라 생각 속에서 지은 죄도 다 대속해 주셨지요. 행함으로 지은 죄를 대속하기 위해서 손과 발에 못 박히셨고 머리로 지은 죄를 대속하기 위해서는 가시 면류관을 쓰심으로 피 흘려 주신 것입니다. 이렇게 예수님을 통해 생각으로 지은 죄를 사함 받은 우리는 오늘날 짐승의 머리를 태워서 제물로 드리지 않아도 됩니다. 짐승의 머리 대신 우리의 생각을 성령의 불에 태워 드리면 되지요. 범사에 비진리의 생각을 버리고 진리의 생각을 하는 것이 바로 우리 생각을 성령의 불로 태우는 것입니다.

이렇게 범사에 진리로 생각하면 비진리의 생각을 하지 않을 뿐 아니라 불필요한 잡념도 갖지 않을 수 있습니다. 그런 사람은 예배를 드릴 때에도 성령께서 잡념을 버리고 집중하여 말씀을 듣고 깨달아 마음에 새기도록 주관하시니 하나님께서 받으시는 영적 예배가 됩니다.

또한 기름은 동물이 살아갈 수 있는 에너지의 근원이며 진액이요 곧 생명입니다. 예수님도 피와 물을 다 쏟으시기까지 우리를 위해 진액을 다하여 희생 제물이 되어 주셨습니다. 이러한 예수님을 주로 믿기만 하면 이제 짐승의 기름을 제물로 드리지 않아도 되는 것입니다.

그런데 주님을 믿는다는 것은 단지 입술로만 "믿습니다" 고백한다고 되는 것이 아닙니다. 정녕 주님이 우리의 죄를 대속하신 것을 믿는다면 죄를 버리고 하나님 말씀으로 변화되어 거룩한 삶을 살아야 하는 것입니다. 예배를 드릴 때에도 진액을 다해, 곧 몸과 마음과 뜻과 정성을 다해 영적인 예배를 드려야 합니다. 진액을 다해 예배하는 사람은 말씀을 들을 때 머리에 쌓아놓는 데 그치지 않고 자신의 마음속에 이루어갑니다. 이렇게 들은 말씀을 마음에 이루어야 생명과 능력이 되고 영육 간에 축복이 됩니다.

7) 내장과 정강이를 물로 씻고 제사장은 전부를 단 위에 불사른다

제물의 다른 부위는 그냥 드렸는데 내장과 정강이 등 지저분한 것들은 먼저 물로 씻어 깨끗한 제물로 드리라는 것입니다. 물로 씻는다는 것은 예물을 드리는 사람의 더러움을 씻는 것을 의미합니다. 그러면 우리가 씻어내야 할 더러운 것은 과연 무엇일까요? 구약 시대에는 행위적으로 번제물의 더러움을 씻었지만 신약 시대에는 마음의 더러움을 씻어야 합니다.

마태복음 15장에 보면 씻지 않은 손으로 음식을 먹는다 해서 예수님의 제자들을 비난하는 바리새인들과 서기관들에 대해 예수님께서 "입에 들어가는 것이 사람을 더럽게 하는 것이 아니라 입에서 나오는 그것이 사람을 더럽게 하는 것이니라" 말씀하셨습니다. 입으로 들어가는 것은 배설되어 나오면 그만이지만 입에서 나오는 것은 마음에서 나오기 때문입니다. 이어지는 19~20절에 "마음에서 나오는 것은 악한 생각과 살인과 간음과 음란과 도적질과 거짓 증거와 훼방이니 이런 것들이 사람을 더럽게 하는 것이요" 하신 대로 마음의 죄악을 하나님 말씀으로 깨끗하게 씻어야 합니다(엡 5:26).

우리 마음에 진리가 임하는 만큼 더러운 죄악이 배설되고 씻겨 나갑니다. 예를 들어, 사랑을 양식 삼고 행하면 미움이 빠져 나가고 겸손을 양식 삼으면 교만이 버려지며 진실을 양식 삼으면 거짓과 간사함이 빠져 나가지요. 이렇게 진리를 양식 삼고 행하는 만큼 죄성이 벗어지고 신앙이 성장하여 주님을 닮은 장성한 믿음의 분량에 이르게 됩니다. 그러면 그 믿음만큼 하나님의 능력과 권세가 따르며 육적으로도 마음의 소원을 응답받는 것은 물론 분야분야에 축복이 임하는 것을 볼 수 있습니다.

이처럼 내장과 정강이를 물로 씻은 후에 제사장이 모든 것을 번제단 위에 올려 불로 태워야 향기로운 냄새가 납니다. 그래서 레위기 1장 9절에 "이는 화제라 여호와께 향기로운 냄새니라" 했지요. 화제란 불의 제사라는 말입니다. 우리가 번제에 관한 말씀대로 신령과 진정으로 영적 제사를 드리면 하나님이 기뻐하시는 불의 제사가 되어 하나님의 응답을 끌어내리게 됩니다. 예배하는 우리의 마음이 하나님 앞에 향기로운 냄새가 되어 하나님께서 기뻐하시면 만사형통한 축복을 주시지요.

양이나 염소의 번제 방법(레 1:10~13)

1) 흠 없는 수컷으로 드려야 한다

소의 번제 방법과 마찬가지로 양이든 염소든 번제물은 흠 없는 수컷으로 드려야 합니다. 영적으로, 흠 없는 예물을 드린다는 것은 우리가 기쁨과 감사의 온전한 마음으로 하나님 앞에 예배해야 함을 뜻합니다. 또 수컷으로 드리라는 것은 "변개함 없이 정한 중심으로 예배해야 함"을 의미하지요. 경제적인 형편에 따라 예물이 달라질 수 있지만 어떤 예물을 드릴 때라도, 드리는 사람의 마음 자세는 항상 거룩하고 온전해야 합니다.

2) 단 북편에서 잡을 것이요 그 피를 단 사면에 뿌린다

소의 번제와 마찬가지로 짐승을 잡아 그 피를 단 사면에 뿌린다는 것은 사람이 동서남북 모든 곳에서 지은 죄를 사함 받기 위함입니다. 사람 대신 짐승을 잡아 피 흘려 제사 드림으로써 속죄가 되도록 하신 것입니다.

그러면 왜 단 북편에서 짐승을 잡으라고 하셨을까요? 북편이란 영적으로 차갑고 어두운 것을 뜻하는데 하나님께서 징계하시며 기뻐하지 아니하심을 나타낼 때 사주 사용되는 말입니다.

예레미야 1장 14~15절에 보면 "재앙이 북방에서 일어나 이 땅의 모든 거민에게 임하리라 나 여호와가 말하노라 내가 북방 모든 나라의 족속을 부를 것인즉 그들이 와서 예루살렘 성문 어귀에 각기 자리를 정하고 그 사면 성벽과 유다 모든 성읍을 치리라" 하였으며, 예레미야 4장 6절에는 "도피하라, 지체하지 말라, 내가 북방에서 재앙과 큰 멸망으로 이르게 할 것임이니라" 했습니다. 이렇게 성경에 나타난 대로 북편은 하나님의 징계를 의미하는데 제물이 되는 짐승은 사람의 모든 죄를 전가받고 대신 죽는 것이므로 저주의 상징인 북편에서 잡아야 한다는 것입니다.

3) 각을 뜨고 머리와 내장의 기름을 베어 단 위 나무 위에 벌여 놓고 내장과 정강이를 물로 씻어 그 전부를 불사른다

소의 번제와 마찬가지로 머리, 손과 발 등 우리 몸으로 지은 죄를 사함받기 위한 제사입니다. 구약은 그림자요, 신약은 참 형상이므로 하나님께서는 우리가 행위로만 죄 사함을 받을 것이 아니라 마음의 할례를 받아 하나님 말씀대로 살기를 원하십니다. 따라서 이는 예배드릴 때에 몸과 마음과 뜻을 다하여 영적 예배를 드리며 하나님 말씀을 성령의 감동 가운데 양식 삼아 비진리를 버리고 진리의 말씀대로 행하는 사람이 되라는 말씀입니다.

새의 번제 방법(레 1:14~17)

1) 산비둘기나 집비둘기 새끼로 예물을 삼는다

비둘기는 새 중에서 가장 순하고 영리하며 사람에게 순종을 잘합니다. 고기도 연하고 사람에게 여러 유익을 주는 새이므로 하나님께서는 새를 번제물로 드릴 때 산비둘기나 집비둘기를 예물로 삼으라 하신 것입니다. 비둘기 중 새끼로 예물을 삼으라 하신 것은 깨끗하고 양순한 것으로 받기를 원하시기 때문이며 이는 희생 제물이 되신 예수님의 겸손과 온유를 상징합니다.

2) 단으로 가져다가 머리를 비틀어 끊고 날개자리에서 그 몸을 찢되 아주 찢지 말고 단 위에서 불사르고 피는 단 곁에 흘린다

새끼 비둘기는 아주 작아서 짐승처럼 잡아 각을 뜰 수 없고 피도 조금밖에 나오지 않습니다. 그래서 피를 많이 흘리는 짐승처럼 북편에서 잡지 않고 단 곁에서 머리를 비틀어 끊어 피를 흘리게 하는 것이며 동시에 제물의 머리에 안수하는 의미를 겸하게 됩니다. 원래는 단 사면에 피를 뿌려야 하지만 피의 양이 적으므로 그저 단 곁에 흘려주는 것만으로 속죄 의식을 행하는 것입니다.

또 비둘기는 몸집이 작기 때문에 각을 뜨면 형체도 알아볼 수 없게 되니 날개자리에서 몸을 찢되 아주 찢지 않고 찢는 의미만 나타내 줍니다. 새는 날개가 생명이므로 날개자리에서 몸을 찢는다는 것은 제물을 드리는 사람이 자기를 완전히 포기하여 하나님 앞에 생명까지 드리는 것을 의미합니다.

3) 멱통과 더러운 것은 단 동편 재 버리는 곳에 던진다

새의 제물을 불에 태워 번제로 드리기 전에 먼저 멱통과 더러운 것 곧 내장을 제거합니다. 송아지나 양, 염소를 잡을 때에는 내장을 버리지 않고 깨끗하게 씻은 후에 전부 불태웠지만 비둘기는 가느다란 멱통이나 내장을 씻기가 어려우므로 통째로 버리게 하신 것입니다. 이렇게 제물의 더러움을 제거하는 행위는 소나 양의 더러운 부위를 씻는 것과 마찬가지로 우리가 신령과 진정으로 예배를 드림으로 이전에 죄악 가운데 더러웠던 마음과 행실을 하나님 말씀으로 씻는 것을 나타냅니다.

새의 멱통과 더러운 것은 단 동편의 재 버리는 곳에 버려야 합니다. 창세기 2장 8절을 보면 하나님께서 동방의 에덴에 동산을 창설하셨다 했습니다. 이때 동방이라는 말의 영적인 의미는 빛으로 둘린 공간입니다. 우리가 사는 지구에서도 동편은 해가 뜨는 방향이고 해가 떠서 빛이 임하면 밤의 어둠이 물러갑니다.

그러면 비둘기 새끼의 멱통과 더러운 것을 단 동편에 버리게 하신 데에는 어떤 의미가 있을까요?

이는 우리가 하나님 앞에 번제를 드림으로 모든 죄악의 더러움을 벗어 버리고 빛이신 주님께 나오는 것을 의미합니다. 에베소서 5장 13절에 "책망을 받는 모든 것이 빛으로 나타나나니 나타나지는 것마다 빛이니라" 말씀한 대로 주님의 빛 가운데 나옴으로써 발견된 죄악의 더러운 것들은 하나님 말씀을 통해 다 벗어 버리고 이제는 빛에 속한 하나님의 자녀가 되는 것입니다. 그러므로 제물의 더러운 것을 제거하여 동편에 버리는 것은 영적으로 더러운 죄악을 가지고 어둠에 살던 우리가 죄악을 버리고 빛에 속한 하나님의 자녀가 되는 것을 의미합니다.

이제까지 소나 양, 염소, 새의 번제를 통하여 하나님의 사랑과 공의를 깨달았습니다. 하나님께서 번제를 명하신 것은 이스라엘 백성이 항상 번제를 드리면서 매 순간을 하나님 안에서 하나님과 교통하며 살아가기를 원하셨기 때문입니다. 이를 기억하여 신령과 진정으로 예배하며 주일을 거룩하게 지킬 뿐 아니라 1년 365일을 항상 하나님 안에 살며 아름다운 마음의 향을 올려 드릴 수 있기를 바랍니다. 그럴 때 "여호와를 기뻐하라 저가 네 마음의 소원을 이루어 주시리로다"(시 37:4) 약속하신 하나님께서 우리 발길이 닿는 곳마다 형통함과 놀라운 축복으로 함께해 주십니다.

소제

누구든지 소제의 예물을 여호와께 드리려거든 고운 가루로 예물을 삼아
그 위에 기름을 붓고 또 그 위에 유향을 놓아

레위기 2:1

소제의 의미

레위기 2장에는 소제란 무엇이며 어떻게 드려야 하나님께서 기쁘게 받으시는 거룩한 산 제사가 되는지에 대해 기록하고 있습니다.

소제란 레위기 2장 1절에 "누구든지 소제의 예물을 여호와께 드리려거든 고운 가루로 예물을 삼아"라고 말씀한 대로 곡식을 곱게 갈아 드리는 제사입니다. 우리에게 생명을 주시고 일용할 양식을 주시는 하나님께 감사하는 의미를 담아 드리는 제사이지요. 이는 오늘날 우리가 주일에 예배드릴 때에 한 주간 지켜 주신 하나님께 드리는 감사의 예물을 의미합니다.

원래 하나님께 드리는 제사에는 반드시 속죄제물인 소나 양 등 짐승의 피 흘림이 있어야 합니다. 먼저 짐승의 피를 흘려 우리의 죄를 사할 때라야 우리의 기도와 간구가 거룩하신 하나님 앞에 상달될 수 있기 때문이지요. 그러나 소제는 대체로 번제와 함께 드려지는 것으로서 별도의 피 흘림이 없는 감사의 제사입니다. 사람들이 땅을 갈아 수고하여 곡식을 얻을 때 심을 씨와 먹을 양식을 주시고 수확하기까지 지켜 주신 하나님께 감사하여 그 수확 중에 처음 열매와 좋은 것을 구별하여 하나님께 소제로 드리는 것입니다.

소제의 예물은 곡물 중에서도 주로 밀가루였습니다. 고운 밀가루나 구운 떡, 또는 첫 이삭을 볶아 찧은 곡식 등을 사용했고 이 모든 예물에는 기름과 소금을 섞으며 유향을 첨가하였습니다. 바쳐진 예물은 한 줌만 취하여 단 위에 불살라 그 향기로 하나님을 기쁘시게 하는 제사였습니다.

출애굽기 40장 29절을 보면 "또 회막의 성막문 앞에 번제단을 두고 번제와 소제를 그 위에 드리니 여호와께서 모세에게 명하신 대로 되니라" 말씀했습니다. 하나님께서 번제를 드릴 때에 소제도 같이 드리라 명하신 것입니다. 따라서 우리도 주일예배와 함께 감사 예물을 드릴 때 온전한 영적 예배가 됩니다.

소제의 어원에는 "예물, 선물"이라는 뜻이 있습니다. 하나님은 우리가 각종 예배 때 빈손으로 나오지 않고 감사 예물을 드려서 감사의 마음을 행함으로 나타내기를 원하십니다. 그래서 "범사에 감사하라 이는 그리스도 예수 안에서 너희를 향하신 하나님의 뜻이니라"(살전 5:18) 하시고, 마태복음 6장 21절에는 "네 보물 있는 그곳에는 네 마음도 있느니라" 말씀하신 것입니다.

우리는 왜 범사에 감사하며 하나님께 소제를 드려야 할까요? 무엇보다 아담의 불순종으로 인해 모든 사람이 멸망의 길로 갈 수밖에 없었으나 하나님께서 예수님을 화목 제물로 주셔서 우리 죄를 대속하게 하심으로 우리가 영생을 얻었기 때문입니다. 천지 만물과 사람을 창조하신 하나님께서 우리의 아버지가 되시고 우리에게 하나님의 자녀 된 권세를 누리며 영원한 천국을 소유하게 하셨으니 감사할 수밖에 없는 것입니다.

또한 햇빛을 주고 비와 바람과 모든 기후를 조절하여 풍성한 열매를 거두게 하셨으니 일용할 양식 주심에 감사해야 합니다. 나아가 죄와 불의, 질병과 사고가 많은 이 세상에서 우리를 어려움 당치 않도록 지켜주고 믿음으로 기도하는 것마다 응답하시며 항상 승리의 삶을 살도록 축복하시니 감사해야 합니다.

소제의 예물

레위기 2장 1절에 보면 "누구든지 소제의 예물을 여호와께 드리려거든 고운 가루로 예물을 삼아 그 위에 기름을 붓고 또 그 위에 유향을 놓아"라고 하셨습니다. 하나님께 소제로 드리는 곡식은 반드시 고운 가루로 만들어 드립니다. 고운 가루로 예물을 삼아 드리라는 말씀에는 우리가 어떠한 마음으로 예물을 드려야 하는지가 잘 나타나 있습니다. 고운 가루로 만들려면 곡식을 맷돌에 갈아 껍질을 벗기고 체에 치는 과정을 여러 차례 거치므로 많은 수고와 정성이 들어갑

니다. 또한 고운 가루로 음식을 만들면 빛깔이 곱고 부드러우며 맛도
훨씬 좋습니다.

따라서 고운 가루로 소제를 드리라 하신 영적 의미는 정성껏 예물
을 준비하여 기쁨으로 드려야 하나님께서 열납하신다는 것입니다. 입
으로만 감사하는 것이 아니라 감사의 마음을 행함으로 나타내며 예
배를 드릴 때 하나님은 기쁘게 받으십니다. 그러니 십일조나 감사 예
물을 드릴 때에는 반드시 하나님께서 기쁘게 받으실 수 있도록 정성
을 다하여 드려야 합니다.

천지 만물의 주인이신 하나님께서 어떤 부족한 것이 있어서 사람에
게 예물을 드리라 하시는 것이 아닙니다. 하나님은 능히 각 사람을 부
요케 하실 수도 있고 모든 소유를 거두어 가실 수도 있지요. 그런 하
나님이 피조물인 우리에게 예물을 받기 원하시는 것은 우리의 믿음과
사랑으로 드린 예물을 통해 더 큰 축복을 주시기 위해서입니다.

고린도후서 9장 6절에 "적게 심는 자는 적게 거두고 많이 심는 자
는 많이 거둔다" 하신 것과 같이 심은 대로 거두는 것이 영계의 법칙이
므로 하나님께서는 더 큰 축복을 주기 위해 감사의 예물을 드리도록
가르치시는 것입니다. 우리가 이런 사실을 믿고 예물을 드린다면 당연
히 고운 가루와 같이 정성을 다해 드려야 하며 또한 흠도 티도 없는
가장 귀한 예물로 드려야 합니다.

한편 고운 가루는 예수님의 성품과 생애, 곧 그의 완전하심을 의
미하기도 합니다. 이는 고운 가루를 만들 때의 정성처럼 우리가 수고

와 순종의 삶을 살아야 함을 가르쳐 줍니다.

곡식을 갈아서 소제를 드릴 때 고운 가루를 그냥 불살라 드리기도 하지만 기름을 섞어 반죽하여 화덕에 굽거나 번철(철판)에 구워 드리기도 하며 솥에 삶아 드리기도 했습니다. 소제를 이렇게 여러 방식으로 드리는 것은 사람들이 일용할 양식을 얻기 위해 살아가는 방식이 다양하며 그 안에서 하나님께 드리는 감사의 조건도 다양하다는 것을 의미합니다.

곧 주일마다 항상 드리는 감사의 제목 외에도 축복을 받거나 마음의 소원에 응답받은 경우, 시험이나 연단을 믿음으로 승리한 경우 등 다양한 감사의 조건이 있는 것입니다. 그러나 어떤 상황에서든지 "범사에 감사하라" 하신 말씀대로 항상 감사의 조건을 찾아 감사할 수 있어야 하지요. 그럴 때 하나님께서도 그 마음의 향을 받으시고 우리 삶 가운데 감사의 조건이 더욱 넘치게 하십니다.

소제를 드리는 방법

1) 고운 가루에 기름을 붓고 유향을 놓는다

고운 가루 위에 기름을 부으면 가루가 잘 뭉쳐져서 떡이 잘 빚어지는데 그 위에 유향을 놓아 더욱 빛이 나는 예물이 되게 합니다. 이것을 제사장에게 가져가면 제사장은 고운 기름 가루 한 줌과 모든 유향을 취하여 단 위에서 불사르는데 이때 향기로운 냄새가 납니다.

여기서 기름을 붓는다는 의미는 무엇일까요?

기름은 동물이나 식물에서 짜내는 진액을 말합니다. 따라서 고운 가루에 기름을 섞는다는 것은 하나님께 예물을 드릴 때에 진액을 다해, 즉 생명을 다해 드려야 한다는 의미가 있습니다. 우리가 진액을 다해 예배나 예물을 드릴 때에 하나님께서는 우리에게 성령의 감동 감화 충만함을 주시고 하나님과 교통하며 살아갈 수 있게 해 주십니다. 이처럼 하나님께 무엇을 드릴 때에는 생명을 다하는 마음으로 드려야 한다는 사실을 기름을 붓는 행위로써 나타내고 있는 것입니다.

유향을 놓는다는 것은 무슨 의미일까요?

로마서 5장 7절에 의인을 위하여 죽는 자가 쉽지 않고 선인을 위하여 용감히 죽는 자가 혹 있다 했습니다. 그런데 예수님은 의인도, 선인도 아닌 죄인 된 우리를 위하여 하나님의 뜻을 좇아 죽으셨으니 그 사랑이 하나님께 얼마나 아름다운 향기였겠습니까. 이로 인하여 예수님은 사망 권세를 깨뜨리고 부활하여 하나님 보좌 우편에 앉으시고 만왕의 왕이 되셨으니 하나님께 참으로 값진 향기가 된 것입니다.

에베소서 5장 2절에 "그리스도께서 너희를 사랑하신 것같이 너희도 사랑 가운데서 행하라 그는 우리를 위하여 자신을 버리사 향기로운 제물과 생축으로 하나님께 드리셨느니라" 말씀한 대로 예수님은 하나님 앞에 희생양으로 드릴 때에도 유향을 놓은 제물과 같이 향기롭게 드리셨습니다. 따라서 하나님의 사랑을 입은 우리도 예수님과 같이 하나님 앞에 향기로운 삶으로 드려야 합니다.

고운 가루 위에 유향을 놓는다는 것은 예수님이 그의 성품과 행함으로 향기를 내어 하나님께 영광 돌린 것처럼, 우리도 마음을 다하여 하나님 말씀대로 살면서 그리스도의 향기를 발하여 영광을 돌려야 한다는 의미입니다. 이처럼 그리스도의 향기를 발하면서 감사의 예물을 드릴 때라야 하나님께서 받으시기에 합당한 소제의 제물이 되는 것입니다.

2) 누룩이나 꿀을 넣지 않는다

레위기 2장 11절을 보면 "너희가 여호와께 드리는 소제물에는 모두 누룩을 넣지 말지니 너희가 누룩이나 꿀을 여호와께 화제로 드려 사르지 못할지니라" 하셨습니다. 하나님께서 예물로 드리는 떡에 누룩을 넣지 말라 하신 깃은 누룩이 가루의 반죽을 발효시키는 것처럼 영적으로는 변질시키고 부패시키는 것을 의미하기 때문입니다.

변함이 없고 온전하신 하나님께서는 우리의 예물도 변질되지 않은 고운 가루 그대로의 중심으로 받기 원하십니다. 그러니 예물을 드릴 때에는 변개함이 없는 곧은 중심으로, 깨끗하고 순전한 마음으로 드려야 합니다. 또한 하나님에 대한 감사와 사랑, 믿음으로 드려야 하지요.

어떤 사람은 예물을 드릴 때에 남을 의식하여 형식적으로 드리거나 근심과 염려가 가득한 마음으로 드리기도 합니다. 그러나 예수님께서 바리새인들의 누룩, 곧 외식을 주의하라 하신 대로 겉으로만 거룩한 척

외식하며 사람들 앞에 인정받으려고 한다면 그 마음은 마치 누룩으로 부패된 예물과 같아서 하나님과 상관이 없습니다.

그러므로 누룩 없이 곧 하나님을 사랑하고 감사하는 마음에서 중심으로 드려야 합니다. 또한 인색한 마음이나, 믿음 없이 근심 걱정으로 드리는 것이 아니라 예물을 기뻐 받으시고 영육 간에 축복 주실 하나님에 대한 믿음으로 풍성히 드려야 하지요. 이러한 영적 의미를 알려 주고자 누룩을 넣지 말라 하신 것입니다.

그런데 때때로 소제에 누룩을 넣을 수 있도록 허락하신 경우가 있습니다. 이 예물은 불에 사르는 것이 아니라 제사장이 단에서 앞뒤로 흔들어 하나님께 드리는 의미만 표현하고 다시 가져와서 사람이 나눠 먹지요. 이를 "요제"라고 하는데 일반적인 소제와는 달리 이렇게 변형된 절차 속에서 드릴 때는 누룩을 넣는 것이 허락되기도 했습니다.

예를 들어, 믿음 있는 사람은 주일 예배 외에도 각종 공예배에 참석합니다. 그런데 믿음이 연약한 사람이 주일 예배는 드리되 금요철야예배나 수요예배를 드리지 않는다 해서 죄라 하시지는 않습니다. 또 예배의 절차를 보아도 주일예배는 정해진 격식에 따라 온전히 드리지만 구역예배나 심방예배 등은 말씀과 기도, 찬양으로 구성되는 기본적인 틀은 지키되 상황에 따라 절차를 가감할 수 있지요. 이처럼 기본적이며 필수적으로 규정된 것은 반드시 지키되 상황이나 믿음에 따라 하나님께서 약간의 융통성을 두신다는 것이 누룩을 넣은 소제를 드릴 수 있게 하는 영적인 의미입니다.

그러면 꿀을 넣지 말라 하신 이유는 무엇일까요?

꿀도 누룩처럼 고운 가루 자체의 성질을 변질시키기 때문입니다. 특히 팔레스타인 지방에서 생산되는 꿀은 대추와 포도로부터 추출한 것으로서 쉽게 발효되고 상하는 성질이 있습니다. 따라서 이러한 꿀을 넣어 가루의 순전함을 변질시키는 것을 금하셨으며, 이는 하나님의 자녀가 예배하거나 예물을 드릴 때에 거짓되거나 변개하지 않는 온전한 중심으로 드려야 함을 교훈하는 것입니다.

사람이 생각하기에는 예물에 꿀을 넣는 것이 더 좋아 보일 수도 있습니다. 그러나 아무리 사람 보기에 좋은 것이라도 하나님께서는 명하신 그대로를 받기 원하며 또한 마음에서 정한 그대로 드리는 것을 기뻐하십니다. 어떤 사람은 무엇을 하나님께 드리겠다고 정했다가 상황이 바뀌면 드리지 않거나 임의로 바꿔서 드리기도 합니다. 그러나 하나님께서는 하나님이 명한 것을 사람의 생각 속에 변질시키거나 성령의 역사에 따라 마음에 정한 것을 자기 유익에 맞춰 변개하는 것을 싫어하십니다. 따라서 어떤 짐승을 예물로 드리기로 정했다면 우열 간에 바꿀 수 없음은 물론, 임의로 바꿀 때는 둘 다 드려야 합니다(레 27:9~10).

하나님께서는 예물을 드릴 때뿐 아니라 우리가 범사에 정한 마음으로 하나님 앞에 드리기를 원하십니다. 사람의 마음에 변개함이나 간사함 같은 속성이 있으면 이로 인해 하나님 앞에 합당하지 않은 행함이 나오지요.

예를 들어, 사울 왕은 하나님이 명하신 것을 자기 보기에 좋은 대로 변질시켜 불순종했습니다. 하나님은 그에게 아말렉의 왕과 모든 백성과 짐승들을 다 멸하라 하셨지요. 그런데 사울은 하나님의 능력으로 전쟁에서 이기자 그 명령을 변질시켜 아말렉의 왕과 짐승 중 좋은 것들은 살려서 끌고 왔습니다. 이에 대해 하나님께 책망을 받고도 여전히 회개하지 않고 번번이 불순종하다가 결국 버림받고 말았습니다.

민수기 23장 19절에 "하나님은 인생이 아니시니 식언치 않으시고 인자가 아니시니 후회가 없으시도다" 하셨습니다. 그러므로 우리가 하나님께 기쁨이 되기 위해서는 먼저 정한 마음으로 변화되어야 합니다. 사람의 생각에는 아무리 좋아 보인다 해도 하나님께서 하지 말라 하시면 하지 말아야 하며 세월에 따라 변질되어서도 안 됩니다. 참으로 정한 마음을 가진 사람이 되어 하나님의 뜻을 변개함 없이 지켜 행할 때 하나님께서 기뻐하며 그 예물도 열납하여 축복을 주십니다.

이어 레위기 2장 12절을 보면 "처음 익은 것으로는 그것을 여호와께 드릴지나 향기로운 냄새를 위하여는 단에 올리지 말지며" 했습니다. 예물은 하나님께서 기뻐 받으실 향기로운 예물로 드려야 합니다. 그런데 이렇게 말씀하신 것은 곡식을 불에 살라 그 냄새를 발하게 하는 것을 목적으로 단에 올려서는 안 된다는 뜻입니다. 우리가 소제를 드리는 목적은 예물을 드리는 행위 자체가 아니라 하나님 앞에 마음의 향을 올려 드리는 데 있습니다.

아무리 좋은 것을 많이 드린다 해도 하나님께서 기뻐하실 중심으로 드리지 않는다면 사람 편에서 향기로운 냄새일 뿐 하나님께서 기뻐하시는 향기가 될 수 없는 것입니다. 이는 마치 자녀가 부모님께 선물을 드릴 때에 형식적으로 드리는 것이 아니라 자신을 낳아 사랑으로 양육해 주신 은혜에 감사하여 사랑의 마음을 담아 드릴 때 부모님 마음에 참 기쁨이 되는 것과 같습니다.

이와 마찬가지로 하나님께서는 우리가 예물을 드릴 때에 습관적으로 드리면서 '할 바를 다 했다' 하는 것이 아니라 믿음과 소망과 사랑을 담아 중심의 향을 발하기를 원하십니다.

3) 소금을 쳐야 한다

레위기 2장 13절에는 "네 모든 소제물에 소금을 치라 네 하나님의 언약의 소금을 네 소제에 빼지 못할지니 네 모든 예물에 소금을 드릴지니라" 했습니다. 소금은 음식에 들어가면 녹아서 음식을 상하지 않게 하고 간을 맞추어 맛을 내줍니다.

소금이 음식의 간을 맞추어 준다는 것은 영적으로 "화평하게 한다"는 의미입니다. 간을 맞추기 위해서는 소금이 녹아야 하듯이 화평케 하는 소금의 기능을 감당하기 위해서는 자기가 죽어지는 희생이 있어야 하지요. 따라서 소제물에 소금을 치라는 것은 우리가 자신을 희생하여 화평을 이루는 가운데 하나님께 예물을 드리라는 말씀입니다.

이를 위해서는 먼저, 예수 그리스도를 영접하고 모든 죄악과 정욕, 옛사람의 구습을 피 흘리기까지 싸워 버림으로 하나님과 화평을 이루어야 합니다.

예를 들어, 하나님께서 가증히 여기시는 죄악을 짐짓 범하고 있는 사람이, 이것을 회개하지는 않고 하나님께 예물을 드린다면 이미 하나님과의 화평이 깨져 있기 때문에 하나님께서 기쁨으로 받으실 수가 없습니다. 그래서 시편 66편 18절에 "내가 내 마음에 죄악을 품으면 주께서 듣지 아니하시리라" 말씀했지요. 우리가 기도할 때뿐만 아니라 예물을 드릴 때도 먼저 죄에서 떠남으로 하나님과 화목한 후에 예물을 드려야 하나님께서 기쁘게 받으실 수 있는 것입니다.

이렇게 하나님과 화평을 이루기 위해서는 자기 자신이 죽어지는 희생이 있어야 합니다. 사도 바울이 "나는 날마다 죽노라" 고백한 것처럼 날마다 자신을 부인하고 죽어지는 노력이 있을 때 하나님과 화평을 이루게 되는 것입니다.

또한 믿음의 형제와 화평을 이뤄야 합니다. 마태복음 5장 23~24절에 "그러므로 예물을 제단에 드리다가 거기서 네 형제에게 원망 들을 만한 일이 있는 줄 생각나거든 예물을 제단 앞에 두고 먼저 가서 형제와 화목하고 그 후에 와서 예물을 드리라" 말씀합니다. 형제에게 악을 행하여 고통을 주면서 "하나님, 감사합니다." 하고 예물을 드린다면 하나님께서 그 예물을 기쁘게 받으실 수 없습니다.

설령 자신에게 악을 행한 형제가 있다 해도 미워하고 원망하는 것이 아니라 용서하여 마음에 화평을 이뤄야 합니다. 어떤 이유로든지 형제와 불목하여 시비가 있거나 상처를 주며 걸림이 되는 일이 없어야 하는 것입니다. 이처럼 모두와 화평을 이루고 자신의 마음도 성령이 충만하여 기쁘고 감사한 마음으로 예물을 드릴 때 그것이 소금을 친 소제가 됩니다.

다음으로, 소금을 치라는 데에는 "네 하나님의 언약의 소금"이라 한 대로 언약의 뜻이 있습니다. 소금은 바닷물에서 추출되며 또한 물은 말씀을 뜻합니다. 하나님의 언약의 말씀은 변함없이 짠 맛을 내는 소금과 같이 결코 변함이 없지요.

우리가 예물을 드릴 때 소금을 치라는 말은 바로 신실하신 하나님의 변함없는 언약을 믿고 온전한 믿음으로 드리라는 뜻입니다. 감사의 예물을 드릴 때 하나님께서 반드시 누르고 흔들어 넘치도록 갚아주며 삼십 배, 육십 배, 백 배의 축복으로 주실 줄 믿고 드려야 한다는 것입니다.

어떤 사람은 "꼭 축복을 바라고 드리는 것이 아니라 그냥 드린다"고 하지만 하나님은 겸비하게 축복을 구하는 믿음을 더 기뻐하십니다. 히브리서 11장을 보면 모세가 애굽 왕자의 자리를 버릴 때 상 주심을 바라고 버렸다 했습니다. 또 예수님도 상을 바라보고 십자가의 부끄러움을 개의치 않으셨습니다. 예수님은 하나님께서 주실 영광과 인류의 구원이라는 큰 열매를 바라봄으로 참혹한 십자가의 형벌을 능히 감당하신 것입니다.

물론 상 받기를 바란다는 것과 무엇을 드렸으니 그에 대한 대가를 바라는 계산적인 마음은 전혀 다르지요. 대가를 받지 못한다 해도 하나님을 사랑하기에 생명까지 드릴 마음이지만 축복 주기를 원하시는 아버지 하나님의 마음을 헤아리며 그분의 능력을 믿으므로 겸비하게 축복을 구할 때 하나님을 더욱 기쁘시게 하는 것입니다. 하나님께서는 각 사람이 심은 대로 거두게 하며 구하는 자에게 주신다 약속했습니다. 우리가 그 말씀을 믿으므로 예물을 심고 하나님의 약속대로 축복받기를 구하는 믿음이 바로 하나님을 기쁘시게 하는 것입니다.

4) 소제물의 남은 것은 아론과 그 제사장에게 돌린다

번제를 드릴 때에는 제물을 전부 제단 위에 올려놓고 불살라 드렸지만 소제는 제사장에게 가져간 후 일부만을 단 위에서 불살라 하나님께 드렸습니다. 이는 번제인 각종 예배는 온전히 하나님께 드려지지만, 소제인 감사 예물은 하나님께 드려져 하나님의 나라와 의를 위하여 쓰이고 그 일부는 제사장 곧 오늘날 주의 종들과 교회 안에서 일하는 사람들에게 주어져야 한다는 뜻입니다. 이를 통해, "가르침을 받는 자는 말씀을 가르치는 자와 모든 좋은 것을 함께하라"(갈 6:6) 하신 대로 하나님께 은혜 받은 성도들이 감사의 예물로 드릴 때에 말씀을 가르치는 하나님의 종들이 그것을 함께 누리게 됩니다.

소제는 번제와 함께 드리는 제사로서 그리스도의 봉사적인 삶을 모형적으로 보여 줍니다. 따라서 우리는 마음과 정성을 다하여 믿음으로 예물을 드려야 합니다. 하나님의 뜻에 합당한 예배를 드리며, 하나님께서 기뻐 받으시는 향기로운 예물을 드림으로 날마다 넘치는 축복을 받으시기 바랍니다.

진정한 크리스천으로 거듭나는 첫 단추

안식일을 지켜 더럽히지
아니하며 그 손을 금하여
모든 악을 행치 아니하여야
하나니 이같이 행하는 사람,
이같이 굳이 잡는 인생은
복이 있느니라

(사 56:2)

1999년 11월, 유복한 그의 가정에도 IMF 한파가 불어 집이 경매로 넘어가고 가족은 뿔뿔이 흩어졌습니다. 당장 살아갈 일이 막막했던 그는 어머니와 막내 여동생과 함께 2천만 원을 대출받아 중고 컴퓨터 18대를 구입, PC방을 개업했습니다. 오갈 곳이 없어 PC방 옆 작은 공간에 패널로 임시 거처를 만들어 생활해야 했지요. 한 사람밖에 누울 수 없는 좁은 공간이다보니 잠은 교대로 자야 했습니다.

어느 날, 그는 동네 약수터에서 '만민뉴스' 신문을 받아 읽고 이재록 목사 설교에 큰 은혜를 받았습니다. 그 뒤, 교회 홈페이지를 통해 꾸준히 말씀을 듣던 중 2007년 여름, 교회에 등록했습니다. 하지만 하나님께서 자신의 삶을 책임져 주신다는 믿음을 갖지 못해 온전히 주일을 지키지 못하는 상황이었습니다.

주일에는 동생과 오전 오후 교대로 일을 한 것입니다. 그런 그가 진정한 크리스천으로 거듭난 사연은 이러합니다.

"어느 날, 대대교구장 목사님 심방을 받았습니다. 당회장님께서 초신자 때 주일 성수를 위해 주일에는 반드시 가게 문을 닫았더니 장사가 평소보다 더 잘돼서 잡지사에서 취재를 올 정도였다고 하시는 거예요. 그때 제 마음이 뜨거워지고 믿음이 오더군요."

그는 초등학교 때부터 교회에 다녔지만 온전한 주일 성수에 대해서는 잘 몰랐다고 합니다. 주일에 예배 한 번 드리면 되는 줄로 알았던 것입니다. 심방을 받은 후 주일에 대예배와 저녁예배는 물론 믿음의 형제들과 교제하고 철야 기도회에 참석하며 하루를 온전히 하나님께 드렸습니다.

그제야 진짜 크리스천이 된 것 같았다고 합니다. 이전에 느끼지 못한 평안이 임하게 되었지요. 또한 온 가족이 함께할 수 있는 안락한 보금자리를 마련하는 축복도 받았습니다. 주일 성수를 통해 하나님께서는 그 말씀을 믿고 행하는 자녀를 보호하고 축복해 주신다는 사실을 깨달았다고 고백하는 그에게서 하나님 은혜가 묻어납니다.

화목제

사람이 만일 화목제의 희생을 예물로 드리되 소로 드리려거든
수컷이나 암컷이나 흠 없는 것으로 여호와 앞에 드릴지니

레위기 3:1

화목제의 의미

레위기 3장에는 화목제에 관한 규례가 기록되어 있습니다. 화목제란 흠 없는 짐승을 잡아 피를 단의 사면에 뿌리고 기름을 태워 하나님께 향기로운 냄새로 드리는 제사법입니다. 그 절차가 번제와 비슷하지만 몇 가지 차이점이 있습니다. 간혹 화목제의 목적을 오해하여 죄 사함을 받기 위한 것으로 생각하는 경우가 있는데, 범죄했을 때 사함 받는 것이 주목적인 제사는 속건제와 속죄제이지요.

화목제는 하나님과 우리 사이에 화목을 이루기 위한 제사로서 감사의 의미, 서원하는 의미, 자원하여 드리는 의미가 있습니다. 속죄제와 번제를 드림으로 죄 사함을 받고 하나님과 교통하게 된 백성이 별도로 드리는 제사로서, 화목제의 목적은 하나님과 화목을 이루어 우리의 삶을 하나님께 전폭적으로 의뢰하는 데 있습니다.

레위기 2장의 소제도 감사의 예물에 해당하지만, 이는 우리를 구원하고 지키며 일용할 양식을 공급하시는 하나님께 감사하여 드리는 일반적인 감사의 예물로서 화목제의 감사와는 차이가 있습니다. 우리는 주일에 드리는 감사 예물 외에, 어떤 특별한 감사의 제목이 있으면 그에 대한 감사의 예물을 별도로 드립니다. 이처럼 하나님을 기쁘시게 하기 위해 자원하여 드리는 예물, 하나님 말씀대로 살고자 하며 자신을 거룩하게 구별하여 서원할 때나 어떤 소원에 응답받고자 서원하여 드리는 서원제가 화목제에 속합니다.

이렇게 여러 의미로 드리는 화목 제물이지만, 결국 그 안에 담긴 가장 기본적인 의미는 우리가 하나님과 화목하기 위한 것입니다. 하나님과 화목을 이루면 하나님께서는 우리에게 진리 가운데 살 수 있도록 능력을 주고 마음의 소원에 응답하시며, 서원한 것이 있다면 그대로 이룰 수 있도록 은혜를 주십니다.

요한일서 3장 21~22절에 "만일 우리 마음이 우리를 책망할 것이 없으면 하나님 앞에서 담대함을 얻고 무엇이든지 구하는 바를 그에게 받나니 이는 우리가 그의 계명들을 지키고 그 앞에서 기뻐하시는 것을 행함이라" 말씀한 대로 진리 안에 살므로 하나님 앞에 떳떳하면 하나님과 화목을 이루고 무엇이든지 구하는 대로 하나님의 역사를 체험하게 됩니다. 그런 가운데 특별한 예물을 드려 더욱 기쁘시게 하면 얼마나 신속하게 응답과 축복을 받겠습니까?

그러므로 소제와 화목제의 의미를 바로 깨달아 소제로 드려야 할 감사 예물과 화목제로 드려야 할 감사 예물을 구분하여 드림으로써 하나님께서 기쁘게 받으시도록 해야 합니다.

화목제의 예물

레위기 3장 1절에 보면 "만일 화목제의 희생을 예물로 드리되 소로 드리려거든 수컷이나 암컷이나 흠 없는 것으로 여호와 앞에 드릴지니"라고 말씀했습니다. 화목제의 예물이 양이나 염소인 경우에도 마찬가지로 수컷이나 암컷이나 흠 없는 것이어야 합니다(레 3:6, 12).

번제의 희생 예물은 소나 양이나 염소든지 흠 없는 수컷으로 드려야 했습니다. 영적 예배를 위한 번제의 온전한 희생 예물은 흠 없으신 하나님의 아들 예수 그리스도를 상징하기 때문입니다.

그러나 화목제는 우리가 하나님과 화목을 이루기 위해 드리는 것이기에 암컷이나 수컷을 구별할 필요가 없이 흠 없는 것이면 되었습니다. 화목 제물에 있어서 암수의 구별이 없다는 것은 로마서 5장 1절에 "그러므로 우리가 믿음으로 의롭다 하심을 얻었은즉 우리 주 예수 그리스도로 말미암아 하나님으로 더불어 화평을 누리자" 말씀한 대로 십자가의 보혈의 공로로 화평을 이루는 데는 남녀의 구별이 없다는 사실을 나타냅니다.

흠 없는 것으로 드리라는 것은 상한 심령이 아닌 깨끗하고 아름다운 어린아이와 같은 심령으로 드리라는 것입니다. 또 억지로나 남의 눈치를 보면서 드리는 것이 아니라 자원하는 마음과 믿음으로 드리는 예물이어야 한다는 뜻이지요. 우리를 구원하신 은혜에 감사하는 예물이라 해도 흠 없는 예물로 드리는 것이 당연합니다. 하물며 모든 삶을 하나님께 의뢰하여 항상 동행하시고 지켜 주시며 또 하나님 뜻대로 살게해 달라고 드리는 예물이라면 당연히 정성을 다하여 최상의 것으로 드려야 합니다.

화목제의 예물을 번제와 비교했을 때 특이한 점이 있습니다. 바로 예물에 비둘기가 빠진 것입니다. 왜 그런 것일까요? 아무리 가난한 사람이라도 번제는 반드시 드려야 하기에 지극히 가치가 작은 비둘기라도 드리도록 허락하신 것입니다.

비유를 들어, 아직 믿음이 연약한 초신자의 경우에는 주일예배만 드린다 해도 하나님께서는 그가 번제를 드린 것으로 받아 주십니다. 온전히 말씀대로 살고 항상 하나님과 교통하면서 신령과 진정으로 예배를 드리는 것이 온전한 번제이지만, 초신자의 경우는 주일만 지켜도, 즉 지극히 작은 비둘기의 예물이라도 번제로 받으시고 그를 구원의 길로 인도해 주신다는 뜻입니다.

그러나 화목제는 꼭 드려야 하는 것이 아니라 스스로 드리는 예물입니다. 특별히 하나님을 기쁘시게 함으로 응답받고 축복받기 위해 드리는 것인데, 가치가 매우 작은 비둘기를 드린다면 특별한 예물로서의 의미가 없으므로 예물에서 제외된 것입니다.

예를 들어, 어떤 불치, 난치병을 치료받고자 소원 예물을 드리기로

작정했다면 그 예물을 어떻게 드려야 하겠습니까? 이를 위해서는 항상 드리던 감사 예물 이상으로 힘껏 준비해 드릴 것입니다. 이때 소의 수컷을 드리면 더욱 기뻐하실 것이고 각자의 형편에 따라 소의 암컷을 드리거나 혹은 양이나 염소를 드릴 수도 있지만 비둘기로서는 예물의 가치가 너무 미약한 것이지요.

물론 예물의 가치라는 것이 단순히 물질의 액수를 말하는 것은 아닙니다. 각 사람이 자신의 상황 속에서 마음과 뜻과 정성을 다해 준비하며 믿음을 가지고 특별히 준비해 드릴 때 하나님께서는 그 안에 담긴 영적인 향으로써 예물의 가치를 평가하십니다.

화목제를 드리는 방법

1) 예물의 머리에 안수하고 회막문에서 잡는다

예물을 가져온 사람은 회막문에서 예물의 머리에 안수합니다. 번제 드리는 사람이 제물에 안수할 때에는 자신의 죄를 전가하는 의미가 있지만, 화목 제물에 안수하는 것은 이와 달리 하나님께서 받으시는 예물로 구별하여 인친다는 의미입니다.

우리가 안수하여 드리는 예물이 하나님께서 기뻐 받으시는 예물이 되기 위해서는 육신의 생각 가운데 얼마쯤 드리면 되겠다 하여 드리는 것이 아니라 마음에서 역사하시는 성령의 주관을 따라 드려야 합니다. 그런 예물이라야 하나님이 기뻐 받으시는 것으로서 구별되어 인쳐질 수 있습니다.

화목제를 드리는 사람은 예물의 머리에 안수한 뒤 회막문에서 잡습니다. 구약 시대에는 제사장만 성소에 들어갈 수 있었고 백성은 회막문에서 짐승을 잡았습니다. 그러나 오늘날은 예수 그리스도로 인해 하나님과 우리 사이를 가로막고 있던 죄의 담이 헐어짐으로써 우리가 성전에 들어와 예배하며 하나님과 직접 교통할 수 있습니다.

2) 아론의 자손 제사장들은 그 피를 제단 사면에 뿌린다

레위기 17장 11절에 보면 "육체의 생명은 피에 있음이라 내가 이 피를 너희에게 주어 단에 뿌려 너희의 생명을 위하여 속하게 하였나니 생명이 피에 있으므로 피가 죄를 속하느니라" 말씀했습니다. 또한 히브리서 9장 22절에는 "율법을 좇아 거의 모든 물건이 피로써 정결케 되나니 피 흘림이 없은즉 사함이 없느니라" 하여 피로써만 정결케 됨을 말씀합니다. 하나님과의 깊은 영적 교제를 위하여 화목제를 드림에 있어서도 피 뿌림이 필요한 것은 하나님과 단절된 관계에 있던 우리가 예수 그리스도의 보혈의 공로를 힘입지 않고는 결코 하나님과 화목할 수 없기 때문입니다.

제사장들이 피를 제단 사면에 뿌리는 것은 동서남북 발 닿는 곳마다 우리의 모든 환경에서 항상 화목을 이루게 한다는 뜻입니다. 어느 곳에 가든지 누구와 무엇을 하든지 항상 하나님과 화목한 가운데 동행하여 지킴받고 축복받게 한다는 의미에서 단 사면에 피를 뿌리는 것이지요.

3) 화목제의 희생 중에서 여호와께 화제를 드린다

레위기 3장에는 소뿐 아니라 양과 염소의 화목제 방법까지 상세하게 설명하고 있는데 그 방법은 거의 비슷하므로 소의 화목제를 중심으로 살펴보도록 하겠습니다. 화목제를 번제와 비교하여 살펴보면, 번제에서는 가죽을 벗긴 예물의 모든 부위를 하나님께 드렸습니다. 번제의 의미는 영적 예배이며 예배는 온전히 하나님께만 드리는 것이기 때문에 그 예물을 온전히 불살라 드리는 것입니다.

그런데 화목제에서는 전부를 드리는 것이 아닙니다. "내장에 덮인 기름과 내장에 붙은 모든 기름과 두 콩팥과 그 위의 기름 곧 허리 근방에 있는 것과 간에 덮인 꺼풀을 콩팥과 함께 취할 것이요"(레 3:3~4) 말씀한 대로 짐승의 내상 중요한 각 부위마다 붙어있는 기름을 불살라 향기로운 냄새로 하나님을 기쁘시게 합니다. 이렇게 곳곳의 기름을 드리는 것은 우리가 있는 위치나 분야, 그 어디서나 하나님과 화목해야 할 것을 의미합니다.

그런데 하나님과 화목하기 위해서는 모든 사람과 더불어 화평함과 거룩함을 좇아야 하지요. 어떤 사람과는 맞지 않고 불편하니까, 어떤 사람은 교양이 없고 말이 통하지 않으니까 화평할 수 없는 것이 아닙니다. 모든 사람과 더불어 화평을 이룰 때라야 하나님의 자녀로서 온전할 수 있습니다(마 5:46~48).

제물에서 하나님께 드릴 기름을 먼저 제하고 나면 그 다음에는 제사장의 몫을 제하게 됩니다. 레위기 7장 34절에 "내가 이스라엘 자손의 화목제 중에서 그 흔든 가슴과 든 뒷다리를 취하여 제사장 아론과 그 자손에게 주었나니" 하셨지요. 소제에서도 제사장에게 돌아가는 몫이 있었던 것처럼 화목제에서도 백성들이 하나님께 드린 예물의 일부는 하나님을 섬기며 백성들을 위해 봉사하는 제사장과 레위 지파의 생계를 위해 쓰이도록 정해 놓으신 것입니다.

이는 신약 시대에도 마찬가지입니다. 하나님께 드려진 성도들의 예물을 통해 영혼 구원을 위한 하나님의 일을 할 뿐 아니라 주의 종과 교회 직원들의 생계가 유지되는 것입니다. 이렇게 하나님께 드리고 제사장의 몫을 제한 뒤에, 그 남은 고기는 제사 드리는 자신이 먹는데, 이는 화목제만의 특징입니다. 제사 드리는 사람이 제물을 먹는 것은, 우리가 하나님 앞에 기뻐 받으실 만한 제물을 드렸다면 하나님께서 기쁘게 받으셨다는 확실한 증거를 반드시 응답과 축복으로써 보여 주신다는 의미입니다.

기름과 피에 대한 규례

하나님께 제사를 드릴 때 짐승을 잡으면 제사장은 그 피를 제단에 뿌렸습니다. 또 모든 기름은 여호와의 것이므로 귀히 여기고 불살라 향기로운 냄새로 하나님을 기쁘시게 해 드렸습니다. 구약 시대에는 기름과 피를 먹지 않았는데 이것은 생명과 연관된 것이기 때문입니다. 피는 육체의 생명을 의미하며, 기름은 몸의 진액으로서 역시 생명과 같은 것입니다. 기름이 있기 때문에 원활하게 생명 활동이 이뤄질 수 있지요.

그러면 기름의 영적인 뜻은 무엇일까요?

먼저, 기름은 정성을 뜻합니다. 따라서 기름을 화제로 드린다는 것은 진액을 다하여 하나님께 드린다는 의미입니다. 즉 정성을 다하고 마음을 다하여 하나님께 열납되도록 드리는 중심을 말합니다. 하나님을 기쁘시게 하여 화목을 이루고자 단으로 감사 예물을 드리거나 여러 모양으로 자신을 헌신하여 드릴 수 있는데 이때 무엇을 드리는지도 중요하지만 그 안에 얼마나 정성이 담겨 있는지는 더욱 중요합니다. 더구나 하나님 앞에 어떤 잘못을 범한 사람이 하나님과 화목하고자 예물을 드린다면 더욱 마음과 뜻과 정성을 다해야 합니다.

물론 범죄한 것에 대해 죄 사함 받으려면 속죄제나 속건제를 통해 사함 받는 것이지만 그저 용서받는 차원을 지나 더욱 기쁘시게 해 드림으로 진정한 화목을 이루고자 예물을 드리는 경우가 있지요. 비유를 들어 자녀가 아버지 앞에 잘못을 범해 마음을 심히 상하게 했다면 단순히 회개하여 용서를 받는 것으로 끝나는 것이 아니라, 그 후로도 열심히 아버지를 기쁘시게 하는 행함으로 정성을 보일 때 아버지의 마음이 완전히 녹아지며 부자간에 화목이 이뤄지는 것입니다.

　또한 기름은 기도와 성령 충만함을 뜻합니다. 마태복음 25장을 보면 지혜로운 다섯 처녀는 기름을 준비하였지만 어리석은 다섯 처녀는 기름을 준비하지 못하여 혼인 잔치에 들어갈 수 없었습니다. 이때 기름의 영적인 의미는 기도와 성령 충만함입니다. 즉 기도하여 성령 충만함을 입고 늘 깨어 있어야만 세상 정욕에 물들지 않고 신부 단장을 잘하여 신랑 되신 주님을 기다릴 수 있는 것입니다.

　화목 제물로 하나님을 기쁘시게 하고 응답받기 위해서도 반드시 기도가 따라야 합니다. 형식적인 기도가 아니라 예수님이 겟세마네 동산에서 기도하실 때 땀이 땅에 떨어지는 핏방울같이 되었던 것처럼 진액을 다하고 중심을 다하는 기도라야 하지요. 이렇게 기도하는 사람이라면 당연히 죄와 싸워 버리고 성결되어 나갈 것이며 위로부터 성령의 감동 감화 충만함을 입게 됩니다. 그런 사람이 화목 제물을 드리면 하나님께서도 기뻐 받으시며 신속하게 응답하십니다.

　화목제란 하나님과 항상 동행하여 그의 보호하심을 받아 유익한 삶을 살기 위해 하나님께 의뢰하는 제사입니다. 하나님과 화목을 이루기 위해서는 합하지 못한 모습이 있으면 신속히 돌이키고, 예물을 드리되 정성을 다하여 기쁘고 즐거운 마음으로 드려야 하며, 기도함으로 성령 충만함을 받아야 합니다. 그리하면 하늘의 소망이 넘치고 하나님과 화목을 이루어 승리하는 삶을 살게 됩니다. 진액과 중심을 다해 기도하며 성령의 감동 감화 충만함 가운데 하나님을 기쁘시게 하는 화목 제물을 드림으로 항상 응답받고 축복받으시기를 바랍니다.

속죄제

누구든지 여호와의 금령 중 하나라도 그릇 범하였으되
만일 기름 부음을 받은 제사장이 범죄하여 백성으로 죄얼을 입게 하였으면
그 범한 죄를 인하여 흠 없는 수송아지로 속죄 제물을 삼아 여호와께 드릴지니

레위기 4:2~3

속죄제의 의미와 종류

우리는 예수 그리스도를 믿고 그 보혈의 공로로 모든 죄를 사함 받아 구원에 이르렀습니다. 그런데 참 믿음으로 인정받기 위해서는 말로만 믿는다 하는 것이 아니라 행함과 진실함으로 내보여야 합니다. 하나님께서 인정하시는 믿음의 행함을 증거로 보일 때 하나님께서 그 믿음을 보고 죄를 사해 주시는 것입니다.

그러면 어떻게 해야 믿음으로 죄 사함 받을 수 있을까요? 물론 하나님의 자녀라면 항상 빛 가운데 거하여 죄를 짓지 않아야 합니다. 하지만 아직 온전치 않은 가운데 죄를 범하여 하나님 앞에 담이 되었다면 해결 방법을 알아서 그대로 행해야 하는데 바로 속죄제의 말씀을 통해 깨달을 수 있지요.

속죄제는 말 그대로 우리가 삶 가운데 지은 죄를 속죄하는 제사인데 그 방법은 직분과 믿음의 분량에 따라 다릅니다. 레위기 4장에서는 기름 부음을 받은 제사장의 속죄제, 온 회중을 위한 속죄제, 족장의 속죄제 그리고 평민의 속죄제에 대하여 말씀하고 있습니다.

기름 부음을 받은 제사장의 속죄제

레위기 4장 2~3절을 보면 "이스라엘 자손에게 고하여 이르라 누구
든지 여호와의 금령 중 하나라도 그릇 범하였으되 만일 기름 부음을
받은 제사장이 범죄하여 백성으로 죄얼을 입게 하였으면 그 범한 죄를
인하여 흠 없는 수송아지로 속죄 제물을 삼아 여호와께 드릴지니" 했
습니다.

여기서 이스라엘 자손은 영적으로 모든 하나님의 자녀를 의미합니
다. 또 하나님의 자녀들이 여호와의 금령 중 하나라도 그릇 범할 때란
성경 66권 말씀 가운데 금하신 하나님의 법을 범한 것이 있을 때를 말
씀합니다.

그런데 기름 부음을 받은 제사장, 오늘날로 말하면 하나님 말씀을
가르치고 전하는 주의 종이 이러한 하나님의 법을 범할 때에는 백성에
게까지 그 죗값이 이릅니다. 진리를 알고도 양 떼에게 진리대로 가르치
지 못하고 자신도 행치 못했으니 죄가 큰 것이며, 혹여 알지 못해서 범
죄했다 해도 주의 종으로서 하나님의 뜻을 알지 못했다는 것 역시 심히
민망한 일입니다.

예를 들어, 주의 종이 진리를 잘못 가르친다면 양 떼는 그 말을 믿
고 하나님의 뜻을 거스르게 되며, 결국 교회 전체가 하나님 앞에 죄의

담을 만들게 됩니다. 하나님께서는 "거룩하라, 악은 모양이라도 버리라, 쉬지 말고 기도하라" 말씀하셨는데 만약 주의 종이 "예수님이 죄를다 대속하셨으니 우리는 교회만 다니면 구원받습니다." 하고 가르친다면 어찌 되겠습니까? 마태복음 15장 14절에 "만일 소경이 소경을 인도하면 둘이 다 구덩이에 빠지리라" 하신 말씀처럼 주의 종은 물론 양 떼도 하나님과 멀어지게 되니 그만큼 죗값이 크지요. 이와 같이 제사장이 범죄하여 백성으로 죄얼(罪孽:죄악에 대한 재앙)을 입게 하면 속죄제를 드려야 합니다.

1) 흠 없는 수송아지로 속죄 제물을 삼는다

기름 부음 받은 제사장이 범죄하였을 때는 백성에게까지 해를 입히게 되어 그 죗값이 심히 크다는 사실을 알아야 합니다. 사무엘상 2~4장에 보면 엘리 제사장의 아들들이 하나님 앞에 드릴 예물을 자기 유익을 위해 취하여 범죄했을 때 어떻게 되었는지 잘 나옵니다. 블레셋 사람들과의 전쟁에서 패하여 엘리의 아들들이 죽고 이스라엘 보병 중에 삼만 명이나 전사했습니다. 심지어는 하나님의 법궤까지 빼앗기는 등 이스라엘 전체가 고난을 당했던 것입니다.

그러니 그만큼 속죄의 예물도 가장 값진 것, 곧 흠 없는 수송아지로 드려야 하지요. 예물 중에 하나님께서 가장 기뻐 받으시는 것이 수송아지와 어린 숫양인데, 그중에서도 수송아지가 더 값어치가 있습니다. 이렇게 가장 귀한 수송아지를 드릴 뿐 아니라 흠 없는 것으로 드려야 하는데, 이는 영적으로 마지못해 드리거나 기쁨 없이 드려서는 안 되며 온전한 산 제사를 드려야 한다는 의미입니다.

2) 속죄 제물을 드리는 법

제사장은 수송아지를 회막문 여호와 앞으로 끌어다가 머리에 안수하고 잡은 후 그 피를 가지고 회막에 들어가서 손가락에 피를 찍어 여호와 앞 곧 성소 장(帳) 앞에 일곱 번 뿌립니다(레 4:4~6). 머리에 안수하는 것은 제사 드리는 사람의 죄를 그 짐승에 전가하는 것을 의미합니다. 범죄한 자신이 죽어야 하는데 안수를 통해 자신의 죄를 제물이 되는 짐승에게 전가하여 그 제물의 죽음으로써 죄 사함을 받는 것입니다.

피를 회막 안 곧 성소에 가지고 들어가서 손가락에 찍어 성소 장 앞에 뿌린다 했는데, 성소 장은 성소와 지성소를 가로막고 있는 두터운 장막입니다. 일반적으로 번제를 드릴 때에는 성소에 들어가지 않고 성전 뜰의 번제단에서 드리는데, 제사장의 속죄제는 피를 들고 성소 안으로 들어가는 것입니다. 더구나 하나님께서 임재하시는 지성소 앞, 곧 성소 장 앞에 뿌리지요.

이때 피를 손가락에 찍는다는 것은 행위적으로 잘못을 비는 것을 말합니다. 말로만 회개하거나 생각으로만 '다시는 안 그래야지' 하는 것이 아니라 실제적으로 죄악을 벗어 버림으로써 회개의 열매를 맺는 것을 뜻합니다. 또 피를 손가락에 찍어 일곱 번 뿌린다 했는데 완전수인 일곱 번을 뿌린다는 것은 자신의 죄를 완전히 털어낸다는 의미입니다.

그래서 죄를 완전히 버리고 다시 범죄하지 않을 때 온전한 용서를 받을 수 있는 것입니다.

또 제사장은 그 피를 여호와 앞 곧 회막 안 향단 뿔에 바르고 피 전부를 회막문 앞 번제단 밑에 쏟습니다(레 4:7). 향단, 곧 분향단은 하나님 앞에 향을 사르기 위해 마련된 단입니다. 향단에서 향을 사를 때 하나님께서 그 향을 열납하셨지요. 성경에서 뿔이라는 것은 왕을 의미하며 왕의 위엄과 권세를 나타내는데 곧 왕이신 여호와 하나님을 의미하지요(계 5:6). 따라서 향단의 뿔에 속죄 제물의 피를 바른다는 것은 곧 왕이신 하나님 앞에 그 제물이 열납된다는 증표입니다.

그러면 오늘날은 어떻게 하나님께 열납될 회개를 할 수 있을까요? 앞에서 손가락에 피를 찍어 일곱 번 뿌림으로써 죄악을 다 떨어버린다 했지요. 이렇게 실제적으로 돌이켜 회개한 것을 이제 성전에 나와 기도로 고해야 합니다. 향단의 뿔에 피를 발라서 열납하시게 하는 것처럼 왕이신 하나님의 권위 가운데 회개 기도를 올려야 하는 것입니다. 성전에 나와 무릎을 꿇고 회개의 영이 임하게 하시는 성령의 역사 가운데 예수 그리스도의 이름으로 기도해야 합니다.

성전에 나와 회개해야 한다 해서 성전에 나오기 전까지는 회개하지 않고 기다리라는 말이 아닙니다. 당연히 잘못을 깨닫는 즉시 회개하고 돌이켜야 하지요. 여기서 성전에 나와 회개해야 한다는 것은 안식일, 곧 주일에 관한 말씀입니다.

구약 시대에는 기름 부음 받은 제사장들만이 하나님과 교통할 수 있었으나 오늘날은 성령께서 각 사람의 마음을 성전 삼고 계시므로 우리가 성령의 역사 가운데 하나님과 기도하며 교통할 수 있습니다. 회개 기도 역시 성령의 역사 가운데 혼자 할 수 있지요. 그러나 이 모든 기도를 온전하게 만드는 것은 바로 주일 성수입니다.

주일을 지키지 않는 사람이라면 영적으로 하나님의 자녀라는 증거가 없는 것이고 그러면 혼자 회개한다 해서 용서받는 것도 아니지요. 범죄한 것을 깨달았을 때 스스로 회개 기도를 할 뿐 아니라 주일에 하나님 전에 나와 다시 한 번 정식으로 회개 기도를 할 때 확실히 하나님께 열납되는 것입니다.

이처럼 향단 뿔에 피를 바른 뒤에는 피를 전부 회막문 앞 번제단 밑에 쏟습니다. 이는 제물의 생명인 피를 온전히 하나님께 바치는 행함이요, 영적으로는 우리가 온전히 헌신하는 마음으로 회개하는 것을 의미합니다. 하나님 앞에 범죄한 것을 용서받기 위해서는 중심을 다하고 마음과 뜻과 정성과 힘을 다해 회개해야 하는 것입니다. 이처럼 참된 회개를 드린 사람은 감히 하나님 앞에 다시는 같은 죄를 범할 수 없습니다.

다음으로, 제사장은 수송아지의 모든 기름을 취하여 화목제를 드릴 때와 같이 번제단 위에서 불사르고 수송아지의 가죽과 모든 고기와 머리, 다리, 내장, 곧 송아지 전체를 진(陳) 바깥, 재 버리는 곳으로 가져다가 불살라야 합니다(레 4:8~12). 불사른다는 것은 진리 안에서 나 자신이 없어지고 진리만이 살아 역사하는 것을 의미합니다.

화목 제물의 기름을 취한 것처럼 속죄 제물의 기름도 동일한 방법으로 취하여 불태웁니다. 기름을 번제단 위에 불사른다는 것은 생명을 다하고 온 마음과 뜻과 정성을 다한 회개라야 하나님 앞에 열납된다는 사실을 알려 주지요.

번제의 제물은 번제단에서 모든 부위를 불사르는데 속죄 제물은 기름과 콩팥을 제외한 모든 분야를 번제단이 아닌 진 바깥의 재 버리는 곳에 가서 사릅니다. 그 이유는 무엇일까요?

번제는 영적인 예배로서 하나님께서 기뻐 받으시게 드리는 제사요, 하나님과 교통을 이루기 위한 제사이기에 성전 안의 제단에서 불사릅니다. 그러나 속죄제의 제물은 더러운 죄를 대속하기 위한 것이기에 성전에서 태울 수 없으며 백성이 생활하는 지역에서도 떨어진 곳에서 완전히 불에 태워 버리는 것입니다.

오늘날도 우리가 하나님 앞에 회개한 죄악을 완전히 벗어 버림으로 우리의 삶에서 멀리 떠나도록 해야 합니다. 교만, 자존심, 세상에서 갖고 있던 구습, 하나님 앞에 합하지 않은 육체의 일들, 이런 것들을 다 성령의 불에 태워 버려야 하지요. 이렇게 불에 태운 제물, 곧 송아지는 안수한 사람 자신의 죄를 전가한 것이라 했으므로 이후로는 그 자신이 하나님께서 기뻐하시는 산 제물, 곧 송아지와 같은 모습으로 나와야 합니다.

그러기 위해서는 어떻게 해야 할까요?

앞서 소의 속성이 우리를 대속하기 위해 죽으신 예수님의 속성과 동일하다는 영적인 의미를 설명했지요. 그러므로 우리가 회개하고 제물의 모든 부위를 불살라 드렸다면 이후로는 하나님께 드린 제물처럼, 또한 속죄의 제물이 되어 주신 주님처럼 변화되어야 합니다. 주님을 대신하여 부지런히 양 떼를 섬김으로 죄의 짐을 내려놓게 하고 오직 진리와 선한 것으로만 공급해야 합니다. 눈물과 인내와 기도로 헌신하여 그들의 마음밭을 개간하도록 도와줌으로써 성결된 하나님의 참 자녀로 변화시켜야 하는 것입니다.

그럴 때 하나님께서 참된 회개로 인정하고 축복의 길로 인도하십니다. 혹 주의 종이 아니라 해도 베드로전서 2장 9절에 "오직 너희는 택하신 족속이요 왕 같은 제사장들이요 거룩한 나라요 그의 소유된 백성이니…" 하신 말씀대로 주를 믿는 우리는 모두가 제사장과 같이 온전하여 참된 하나님의 자녀가 되어야 합니다.

아울러 속죄할 때에는 하나님 앞에 예물을 드리는 행함도 따라야 합니다. 자기 잘못을 깊이 뉘우치고 회개하는 사람이라면 당연히 예물을 드리려는 주관을 받게 되며 이런 행함이 따를 때 온전히 속죄하고자 하는 중심이라 할 수 있습니다.

온 회중의 속죄제

만일 이스라엘 온 회중이 여호와의 금령 중 하나라도 그릇 범하고 허물이 있으나 스스로 깨닫지 못하다가 그 범한 죄를 깨달으면 수송아지로 속죄제를 드려야 했습니다(레 4:13~14).

온 회중이 죄를 범했다는 것은 오늘날로 말하면, 교회 전체가 범죄하는 경우입니다. 예를 들어, 주의 종이나 장로, 권사 등 사람을 중심으로 당을 지어 분란이 일어나는 경우가 있습니다. 이렇게 당을 지어 분쟁을 일으키기 시작하면 나중에는 대부분의 성도가 분쟁에 휩쓸려 서로 허물을 말하며 감정을 품는 등 교회 전체가 하나님 앞에 죄를 범하여 큰 담을 만들게 됩니다.

하나님께서는 원수도 사랑하라 하시고 섬기라, 낮아지라, 모든 사람과 더불어 화평함과 거룩함을 좇으라 하셨는데 주의 종과 양 떼 사이에, 혹은 믿음의 형제 사이에 불화하고 대적한다면 얼마나 하나님 앞에 민망하고 죄송한 일입니까? 교회 안에 이런 일이 있으면 하나님께 지킴 받지 못하므로 부흥이 멈추거나 성도들의 가정과 사업터에 축복이 막히는 등 어려움이 생깁니다.

그러면 회중 전체의 죄는 어떻게 사함을 받습니까? 온 회중이 죄 범한 것을 깨달으면 회중은 수송아지를 회막 앞으로 끌어와 장로들이 그 머리에 안수하고 여호와 앞에서 잡아 제사장의 속죄제와 같은 방법으로 드려야 합니다. 제사장과 온 회중의 속죄제 제물이 똑같이 값지고 귀한 수송아지인데 이는 하나님께서 제사장과 온 회중이 지은 죄를 같은 비중으로 보신다는 뜻입니다.

그런데 제사장의 속죄 제물은 흠 없는 수송아지이지만 회중은 그냥 수송아지로 드리라 했습니다. 이는 회중 전체가 한마음 한뜻이 되어 기쁨과 감사로 제사 드리기가 쉽지 않기 때문입니다.

오늘날의 교회를 생각해 보아도 교회 전체가 죄를 범하여 회개하고자 할 때, 그중에는 믿음 없는 사람이나 여전히 불편한 마음으로 회개하지 않는 사람도 있을 것입니다. 이처럼 온 회중이 흠 없는 제물을 드리기란 쉽지 않으므로 하나님께서는 긍휼을 베풀어 주신 것입니다. 즉 몇몇은 온전한 심령으로 드리지 못한다 해도 대부분의 성도들이 회개하고 돌이키면 그 속죄제를 받으시고 전체를 용서해 주시는 것이지요.

온 회중이 범죄하여 속죄 제물을 드릴 때에는 회중이 일일이 안수할 수 없으므로 백성의 장로들이 대표로 안수합니다. 여기에서 소를 드려 안수한다는 것은 사람의 짐을 대신 져 주고 밭을 갈아주며 고기를 제공하는 등 이익만 주는 소처럼, 돌이켜 그리스도의 인내와 충성을 닮겠다는 의미입니다.

나머지 절차는 제사장의 속죄제와 같습니다. 제사장이 피를 손가락에 찍어 일곱 번 성소 장 앞에 뿌리고 향단 뿔에 바르는 것이나 기름을 취하여 번제단 위에서 불사르며 제물의 모든 부위를 진 밖으로 가져가서 불사르는 것까지 동일합니다. 이런 절차의 영적인 의미는 무엇보다 완전히 죄에서 떠나 돌이켜야 함을 의미한다 했습니다. 그리고 하나님 전에서 예수 그리스도의 이름으로, 또한 성령의 역사로 회개 기도를 올림으로 정식으로 회개가 열납되게 해야 하는 것입니다. 이렇게 해서 회중 전체가 마음을 모아 회개하고 나면 다시는 범죄하는 일이 없어야 하지요.

족장의 속죄제

레위기 4장 22~24절에 "만일 족장이 그 하나님 여호와의 금령 중 하나라도 부지중에 범하여 허물이 있었다가 그 범한 죄에 깨우침을 받거든 그는 흠 없는 숫염소를 예물로 가져다가 그 숫염소의 머리에 안수하고 여호와 앞 번제 희생을 잡는 곳에서 잡을지니 이는 속죄제라" 했습니다.

족장이란 백성 중에서도 머리 된 사람들로서 비록 제사장보다는 낮다 해도 평민하고는 격이 다르게 구별된 위치입니다. 그러므로 속죄제의 예물을 제사장이 드리는 수송아지보다는 작은 것으로, 평민들이 드리는 암염소보다는 큰 것으로 숫염소를 드리는 것이지요.

이는 오늘날 교회에서 양 떼의 머리 된 기관장이나 구역장, 가르치는 위치에 있는 교사 등의 속죄 방법입니다. 이들은 일반 성도나 초신자와는 달리 하나님 앞에 구별되어 세워지는 것이므로 똑같은 죄를 범했다 해도 일반 양 떼가 범죄한 것과 달리 더 큰 회개의 열매로 하나님께 드려야 하는 것입니다.

족장은 흠 없는 숫염소를 예물로 가져다가 머리에 안수하여 자기의 죄를 전가한 후 여호와 앞에서 잡습니다. 제사장이 그 피를 손가락에 찍어 번제단 뿔에 바르고 피를 번제단 밑에 쏟고 모든 기름은 화목제 때와 같이 단 위에서 불사르면 죄 사함을 받습니다.

족장은 제사장과는 달리 피를 성소 장 앞에서 일곱 번 뿌리지 않고 번제단 뿔에 바름으로써 회개를 나타내면 하나님께서 열납하십니다. 이는 제사장과 족장의 믿음의 차원이 다르기 때문입니다. 제사장의 경우 회개한 후 다시 범죄치 않아야 하므로 완전수인 일곱 번 피를 뿌려야 했습니다.

그러나 족장의 경우는 회개한 후 부지중에 다시 죄를 범할 수 있으므로 일곱 번 뿌리라 하시지 않았지요. 각 사람의 믿음의 수준에 맞추어 회개를 받으시고 용서하려는 하나님의 사랑과 긍휼의 표시입니다. 지금까지 속죄제에서 제사장, 족장을 설명할 때 각각 주의 종, 머리 된 일꾼이라는 개념으로 설명하였습니다. 그런데 이것은 단순히 직분만을 의미하는 것이 아니요, 믿음의 분량을 의미하는 말이기도 합니다.

주의 종이라면 당연히 성결된 믿음으로 양 떼를 이끌어 가야 하는 사람이고 사명을 맡은 기관장이나 구역장, 교사 등 양 떼의 머리 된 일꾼이라면 아직 온전한 성결을 이루지는 못했다 해도 일반 성도와는 믿음의 차원이 달라야 합니다. 이렇게 주의 종이나 머리 된 일꾼, 혹은 일반 성도의 믿음의 수준이 서로 다르기 때문에 표면적으로는 같은 죄를 범했다 해도 죄의 경중이 달라지고 하나님께서 받기 원하시는 회개의 수준도 달라집니다.

그렇다고 해서 "나는 믿음이 아직 온전하지 않으니까 나중에 또 잘못해도 봐주시겠지" 하는 마음으로 회개해도 된다는 뜻은 결코 아닙니다. 하나님 앞에 회개해서 사함을 받을 수 있는 것은, 분명히 죄인 줄 알면서도 범죄한 것이 아니라 부지중에 범죄했다가 나중에 깨달았을 때 용서를 구하는 경우입니다. 또 죄를 범했다가 회개했으면 불같이 기도하면서 다시는 같은 죄를 범하지 않도록 힘을 다해야 하나님께서 회개를 받으시는 것입니다.

평민의 속죄제

평민이란 믿음이 작은 성도들, 곧 일반 양 떼를 의미합니다. 평민이 죄를 범했을 때에는 그만큼 믿음이 작은 상태에서 범죄한 것이기 때문에 제사장이나 족장의 속죄제보다 비중이 작습니다. 속죄 예물은 숫염소보다 낮은 예물인 흠 없는 암염소를 가져다가 족장의 속죄제와 마찬가지로 그 피를 찍어 번제단 뿔에 바르고 단 아래에 모든 피를 쏟으면 됩니다.

아직 믿음이 연약하여 같은 죄를 나중에 또 범할 가능성이 있지만 그 당시에 뉘우치고 마음을 찢으며 회개할 때 하나님께서는 긍휼히 여기고 용서해 주십니다. 또 흠 없는 암염소를 드리라 하셨으니 숫염소나 송아지를 바치는 경우보다는 용서받기도 쉬운 것을 알 수 있지요. 그렇다 하여 적당히 회개해도 된다는 것은 아닙니다. 다시는 죄 짓지 않으려는 마음으로 참된 회개를 올려야 용서가 됩니다.

믿음이 연약한 사람이라도 죄를 깨닫고 회개하며 다음에는 안 그러려고 최선을 다해 나가면 열 번 하던 것이 다섯 번, 세 번으로 줄고 마침내는 완전히 버리게 됩니다. 이와 같이 믿음으로 회개의 열매를 맺어 나갈 때 하나님께서 받아 주시는 것이지, 말로만 회개하고 중심에서 돌이키지 않는다면 초신자라도 용서받을 수 있는 것이 아닙니다.

믿음이 작은 초신자라도 죄를 발견했을 때 즉시 회개하고 부지런히 죄를 벗어 나갈 때 하나님께서 기뻐하며 사랑스럽게 여기십니다. 회개뿐만 아니라 기도나 예배, 신앙생활 하는 모든 분야에서도 "나는 믿음이 이 정도 되니까 이만큼만 하면 되겠지" 하는 것이 아니라 자신이 할 수 있는 것 이상으로 행하려고 노력할 때, 사랑과 축복을 더 넘치도록 받을 수 있습니다.

형편상 암염소가 아닌 어린 양을 제물로 드릴 때에는 흠 없는 암컷으로 드렸고(레 4:32) 가난한 사람들은 두 마리의 집비둘기나 산비둘기로 드렸으며, 더 가난한 이들은 약간의 고운 밀가루를 드렸습니다(레 5:11). 공의로우신 하나님은 이처럼 믿음의 분량에 따라 속죄 예물도 구분하여 받으십니다.

　지금까지 직분에 따른 속죄제를 살펴봄으로써 죄를 지었을 때 어떻게 해야 속죄가 되고 하나님과 화목을 이루게 되는지 알아보았습니다. 항상 자신의 직분과 믿음의 상태를 잘 점검하고 하나님과 막힌 담이 없는지 살펴서 허물이 발견되면 철저히 회개함으로 하나님과 화목하시기 바랍니다.

즐겁고
아름다운 세상,
따로 있었어요!

너희가 회개하고 돌이켜
너희 죄 없이 함을 받으라
이같이 하면 유쾌하게
되는 날이 주 앞으로부터
이를 것이요

(행 3:19)

그는 메릴랜드 대학교에 다니는 학생입니다. 노래와 악기 연주, 다양한 장르의 음악을 매우 좋아해 음악하는 친구들을 가까이했습니다. 그의 아버지는 목회자로 이재록 목사님을 안 뒤, 많은 변화를 체험했습니다. 아버지는 아들이 하나님을 제일로 사랑하길 원했지만 그는 기대를 저버렸지요.

토요일 오후면 어김없이 전화해 예배 드리라고 당부하는 부모님이 싫고 짜증이 났습니다. 친구들과 즐겁게 지내는 주말이었기 때문이지요. 주일에 학교 안에 있는 교회에 가서 예배를 드린다 해도 시간만 때우는 형식적인 예배였습니다.

2008년 어느 날, 아버지는 아무래도 안 되겠다며 그에게 휴학을 권유했습니다. 그는 하늘이 무너지는 것 같았지요. 반강제로 뉴욕에 끌려 온 그는 매일 저녁 기도회, 성경 공부, 수요예배, 심지어 심방까지 아버지를 따라다녀야 했습니다.

친구들과의 채팅, 전화, 오락 등 재미있는 일이 널려 있는데 이게 무슨 일입니까. 자신이 처량하고 간섭받지 않는 친구들이 부러웠습니다.

그러던 그에게 변화가 생겼습니다. 이재록 목사님의 천국 설교를 들으면서 문득 이 상태로는 천국에 갈 수 없을지도 모른다는 생각이 든 것입니다. 그는 두려웠고, 천국에 가고 싶다고 하나님께 기도하며 회개했습니다. 하지만 '이 정도쯤이야 괜찮겠지!' 했던 좋지 못한 습관들을 여전히 끊지 못하고 있었습니다. 그러던 중에 교통사고가 났습니다.

2008년 11월 23일, 교회를 가기 위해 차를 몰고 어머니와 함께 뉴욕 화이트스톤 다리 위를 지나고 있었습니다. 돌연 앞 차가 차선을 바꾸는 순간, 멈춰 서 있는 차가 보였고 급브레이크를 밟았지만 그대로 들이받고 말았지요.

잠시 후 정신을 차려 보니 조수석 앞 유리는 깨져 있고 차는 엉망이 되어 있있습니다. 차바퀴는 심하게 찢기고 차체 앞은 종이를 마구 구겨 놓은 듯 했으며, 앞 본네트는 떨어져나가 흉하게 부서진 부분을 드러내고 있었지요. 분주히 오가는 경찰차와 앰뷸런스, 들것에 실려 이송되는 부상자들…. 그 상황에서도 그와 어머니는 외상 하나 없이 멀쩡했습니다.

그 순간, 자신을 돌아보면서 회개했습니다. 3년 전, 몸 전체에 퍼져 있던 18년 된 아토피성 피부염을 깨끗이 치료받은 적이 있는데도 하나님을 더 사랑치 못한 것이 떠올라 눈물이 솟구쳤습니다. 이제 그는 하나님을 첫째로 사랑하는 사람으로 거듭나 찬양 사역에 힘쓰고 있습니다.

Chapter 7

속건제

속건제의 의미

속건제를 드려야 하는 경우와 방법

누구든지 여호와의 성물에 대하여 그릇 범과하였거든 여호와께 속건제를 드리되
너의 지정한 가치를 따라 성소의 세겔로 몇 세겔 은에 상당한
흠 없는 숫양을 떼 중에서 끌어다가 속건제로 드려서

레위기 5:15

속건제의 의미

속건제는 범죄했을 때 그 죄에 대해 보상하는 행위에 관한 제사법입니다. 하나님의 백성이 죄를 범했으면 속죄제를 드리고 하나님 앞에 회개해야 하지요. 그러나 죄의 종류에 따라서는 마음으로 돌이키는 것만이 아니라 자신의 잘못에 대해 책임을 져야 하는 경우가 있습니다.

예를 들어, 친구의 물건을 잠시 빌려왔는데 실수로 그 물건을 파손했다면 미안하다는 말로만 끝내서는 안 됩니다. 사과할 뿐만 아니라 당연히 그 물건을 보상해 주어야 하지요. 자신이 파손한 것과 똑같은 것을 줄 수 없다면 그 가치에 상당하는 만큼을 갚아 주어서 손해를 보상해 줄 때라야 참된 회개가 되는 것입니다.

이처럼 잘못에 대해 보상하거나 책임을 짐으로 화목하는 행함을 나타내는 것이 속건제입니다. 하나님 앞에 회개할 때도 마찬가지입니다. 형제에게 피해를 입힌 경우 보상해야 하듯이 하나님께 범죄한 경우에도 그에 합당한 회개의 행함을 보여야 온전한 죄 사함이 되는 것입니다.

속건제를 드려야 하는 경우와 방법

1) 바른 증언을 하지 않았을 때

레위기 5장 1절에 "누구든지 증인이 되어 맹세시키는 소리를 듣고도 그 본 일이나 아는 일을 진술치 아니하면 죄가 있나니 그 허물이 그에게로 돌아갈 것이요" 말씀했습니다. 진실을 말하기로 맹세하고 증인으로 선다 해도 자기 유익이 걸려 있을 때는 바르게 증언하지 않는 경우가 있습니다.

예를 들어, 내 자녀가 어떤 죄를 저질렀는데 무죄한 사람이 범인으로 몰렸다고 가정합시다. 그럴 때 증인석에 서게 되었다면 정확한 증언을 할 수 있겠는지요? 자녀를 위해 침묵을 지킴으로 다른 사람이 피해를 본다면 사람들은 그 사실을 모른다 할지라도 하나님께서는 모든 것을 보고 계십니다. 따라서 증인은 사실을 보고 들은 그대로 증거하여 공정한 재판이 이루어짐으로써 억울하게 피해를 입는 사람이 없게 해야 합니다.

일상생활에서도 마찬가지입니다. 많은 사람이 보고 들은 것을 바르게 전하지 못하고 스스로의 판단 속에서 잘못 전하는 경우가 있습니다. 보지 않고도 본 것처럼 꾸며서 전하는 거짓 증언도 있지요. 이와 같은 거짓 증언으로 누명을 쓰고 억울한 일을 당하는 사람도 있습니다. 선한 일을 알면서 행치 않으면 죄가 됩니다(약 4:17). 진리를 아는 하나님의 자녀는 상대가 곤경에 빠지거나 해를 받지 않도록 진리로 분별하여 올바르게 증언해야 합니다.

우리 마음에 선과 진실이 있으면 범사에 참을 말하게 됩니다. 악한 말을 하지 않고 남의 핑계를 대지 않으며 진실을 왜곡하거나 동문서답하는 일도 없지요. 만일 진술을 피한다거나 거짓 증언을 하여 다른 사람에게 해를 입혔다면 이에 대해 속건제를 드려야 합니다.

2) 부정한 것에 접했을 때

레위기 5장 2~3절에 "누구든지 부정한 들짐승의 사체나 부정한 가축의 사체나 부정한 곤충의 사체들 무릇 부정한 것을 만졌으면 부지중이라 할지라도 그 몸이 더러워져서 허물이 있을 것이요 혹시 부지중에 사람의 부정에 다닥쳤는데 그 사람의 부정이 어떠한 부정이든지 그것을 깨달을 때에는 허물이 있을 것"이라고 말씀합니다.

부정한 것이란 영적으로 진리에 비추어 옳지 않은 행동을 말합니다. 여기에는 보고 듣고 말하는 것은 물론 몸으로, 마음으로 느끼는 것이 다 포함됩니다. 진리를 알지 못했을 때에는 죄라 여기지 않았지만 진리 안에 들어와 보니 하나님 보시기에 합당치 않은 것임을 깨닫는 경우도 있지요. 예를 들어, 하나님을 알지 못할 때에는 폭력이나 음란물 등을 접해도 그것이 옳지 않은 줄을 모르다가 신앙생활을 하면서 진리에 합당하지 않음을 깨닫게 됩니다. 이와 같이 진리 안에서 옳지 못한 행동이 깨달아지면 범과한 것을 자복하고 속건제를 드려야 합니다.

그런데 신앙생활을 하는 중에도 본의 아니게 악한 것을 보고 듣는 때가 있습니다. 물론 무엇을 보고 들어도 자신의 마음을 지킬 수 있다면 좋지만 비진리의 것을 접할 때 마음을 지키지 못하고 느낌과 함께 받아들일 수 있기에, 이럴 때에도 깨닫는 즉시 회개하여 속건제를 드려야 합니다.

3) 맹세했을 때

레위기 5장 4절에 "혹 누구든지 무심중에 입으로 맹세를 발하여 악을 하리라 하든지 선을 하리라 하면 그 사람의 무심중에 맹세를 발하여 말한 것이 어떠한 일이든지 깨닫지 못하다가 그것을 깨달을 때에는 그중 하나에 허물이 있을 것이니" 했습니다. "어떤 악을 행하리라" 하는 맹세는 물론 "선을 행하리라" 하는 맹세도 금하신 것입니다.

하나님께서는 왜 맹세를 금하시는 것일까요? "악한 일을 행하리라" 하는 맹세를 금하는 것은 당연한데, 선한 일까지 맹세하지 말라 하시는 까닭은 사람은 자신의 맹세를 100퍼센트 지킬 수 있는 존재가 아니기 때문입니다(마 5:33~37 ; 약 5:12). 진리로 온전해지기까지는 사람의 마음은 자기 유익과 감정에 따라 변하며 정한 마음을 지키지 못합니다. 또 원수 마귀 사단이 송사하기 위해 갖가지 훼방을 놓아 맹세를 지키지 못하게 하는 경우도 있지요. 극단적인 예로, "내일 무엇을 하리라" 맹세했다가 오늘 갑자기 죽음을 맞는다면 어떻게 지킬 수 있겠습니까?

그러니 악한 일은 당연히 맹세하지 말아야 하며, 선한 일을 하고자 결단한다 해도 맹세하는 것이 아니라 하나님께 기도하여 능력을 구해야 합니다. 예를 들어, 앞으로 쉬지 않고 기도하리라 결단한다 해서 "이제부터 매일 철야 기도회에 오겠습니다.” 하고 맹세하는 것이 아니라 “하나님, 기도를 쉬지 않게 도와주시고 원수 마귀 사단이 방해하지 못하게 지켜 주세요.” 하고 능력을 구하는 기도를 드려야 합니다. 그러지 않고 섣불리 맹세하였다면 죄를 자복하고 속건제를 드려야 합니다.

위의 세 가지 경우의 하나에라도 허물이 있을 때에는 “그 범과를 인하여 여호와께 속건제를 드리되 양 떼의 암컷 어린 양이나 염소를 끌어다가 속죄제를 드릴 것이요 제사장은 그의 허물을 위하여 속죄할지니라”(레 5:6) 했습니다.

속건제에 대한 설명을 하다가 갑자기 속죄제를 드리라는 것은 속건제를 드려야 하는 일에 대해서는 속죄제도 함께 드려야 하기 때문입니다. 속죄제는 범죄했을 때 하나님 앞에서 회개하고 그 죄에서 완전히 돌이켜 떠나는 것이라 했습니다. 그런데 마음으로 돌이킬 뿐 아니라 잘못에 대해 책임져야 하는 문제일 때는 그에 대해 보상을 한다거나 어떠한 행함으로 책임을 져서 그 회개를 온전케 하는 것이 속건제라 했지요.

이때는 보상만 하는 것이 아니라 하나님 앞에서도 회개를 해야 하므로 속건제를 드릴 때는 속죄제도 같이 드리는 것입니다. 비록 그가 사람에게 잘못을 범했다 해도 이는 하나님의 자녀로서 범해서는 안 될 죄를 지은 것이므로 하나님께도 회개해야 하는 것이지요.

예를 들어, 형제를 속이고 그의 재산을 차지했는데 나중에 회개하려고 한다면 먼저 하나님 앞에서 통회자복하고 욕심과 거짓된 마음을 버려야 합니다. 그리고 잘못을 범한 상대에게도 회개하여 용서를 받아야 하는데, 말로만이 아니라 자신이 손해를 입힌 만큼을 보상해 주어야 하는 것입니다. 이때 하나님 앞에 돌이키고 회개하는 것이 속죄제에 해당한다면 형제에게 용서를 빌고 보상하는 회개의 행함이 바로 속건제에 해당합니다.

이어 레위기 5장 7절을 보면 속건제에 병행하는 속죄제를 드릴 때는 어린 양의 암컷이나 염소를 드리라 했습니다. 가난하여 양이나 염소를 드릴 수 없는 사람은 비둘기 두 마리를 속죄 제물로 드리라 했지요. 두 마리를 드리는 까닭은 한 마리는 속죄제로, 한 마리는 번제로 드려야 하기 때문입니다.

그러면 비둘기로 속죄제를 드릴 때 번제를 함께 드리라 하신 이유는 무엇일까요? 번제는 안식일을 지키는 것이요 곧 주일에 드리는 영적 예배를 의미합니다. 따라서 속죄제의 비둘기를 번제와 함께 드린다는 것은 사람의 회개가 주일 성수와 함께 완성된다는 사실을 알려 줍니다. 즉 온전한 회개는 범죄한 것을 깨닫는 순간 회개할 뿐 아니라 주일에 하나님 전에 나와서 자복하고 회개해야 한다는 것이지요.

그런데 너무 가난해서 비둘기조차 드릴 수 없을 때에는 고운 가루 에바(약 22리터) 십분의 일을 예물로 드려야 합니다. 물론 속죄제는 죄 사함의 제사이기에 당연히 짐승으로 드리는 피의 제사여야 하지만, 가난하여 짐승을 드리지 못하는 경우에는 가루로라도 드려 죄 사함을 받을 수 있도록 긍휼을 베푸신 것입니다.

이처럼 가루로 속죄제를 드릴 때는 소제로 가루를 드리는 경우와 차이가 있습니다. 소제로 드릴 때는 예물을 향기롭고 윤택하게 만들기 위해 반드시 기름과 유향을 더하지만, 속죄제로 드릴 때는 기름이나 유향을 놓지 않습니다. 왜 그런 것일까요? 속죄의 제물을 단 위에 불사르는 것은 그 죄를 불사르는 것과 같은 의미이기 때문입니다.

이렇게 가루에 유향과 기름을 더하지 않는 것은 영적으로 볼 때 하나님 앞에 회개하는 사람이 어떤 자세로 나와야 하는지 알려 줍니다. 열왕기상 21장 27절을 보면 하나님 앞에 회개할 때 '옷을 찢고 굵은 베로 몸을 동이고 금식하고 굵은 베에 누우며 행보도 천천히 했다' 했습니다. 이처럼 참으로 마음을 찢으며 회개한다면 당연히 근신하고 절제하여 자신을 낮추게 됩니다. 말 한마디 행동 하나까지도 조심하여 하나님 앞에 삼가는 행함을 보이는 것입니다.

4) 성물에 대하여 그릇 범과하거나 형제에게 손해를 입혔을 때

레위기 5장 15~16절에는 "누구든지 여호와의 성물에 대하여 그릇 범과하였거든 여호와께 속건제를 드리되 너의 지정한 가치를 따라 성소의 세겔로 몇 세겔 은에 상당한 흠 없는 숫양을 떼 중에서 끌어다가 속건제로 드려서 성물에 대한 범과를 갚되 그것에 오분 일을 더하여 제사장에게 줄 것이요 제사장은 그 속건제의 숫양으로 그를 위하여 속한즉 그가 사함을 얻으리라" 말씀했습니다.

여호와의 성물(聖物)이란 하나님의 성전 건물이나 성전 안에 있는 모든 기물을 말합니다. 거룩한 하나님의 물건으로 구별된 것은 주의 종이라 해도 마음대로 가져가거나 처분할 수 없으며 헌물한 사람이라도 임의대로 쓸 수 없습니다. 우리가 하나님 앞에서 경건하게 행해야 하는 것은 성물만이 아니라 성전 전체에 해당되는 말입니다. 성전은 하나님께서 특별히 구별하여 하나님의 이름을 두신 거룩한 곳입니다.

성전 안에서는 세상적인 말이나 진리가 아닌 말도 금해야 합니다. 특히 어린 자녀들을 두었다면 아이들이 성전 안에서 뛰어 놀고 거친 장난을 하거나, 성물을 낭비하거나 더럽히고 훼손하는 일이 없도록 잘 가르쳐야 하지요.

하나님의 성물이 어떠한 실수나 잘못으로 인하여 파손되었을 때에는 훼손한 사람이 보상해야 하며 이전보다 더 좋은 것, 완전한 것, 흠과 타가 없는 것으로 다시 채워 놓아야 합니다. 훼손한 액수만큼만 배상하는 것이 아니라 그것의 5분의 1을 더하여 속건 제물을 드리라 하신 것은 우리가 하나님의 성물을 대할 때 삼가 근신하여 행해야 함을 상기시키기 위해서입니다. 성물을 대할 때는 항상 삼가고 조심하여 오용하거나 훼손하지 말아야 하며 혹여 부주의하여 손실을 입혔을 때에는 중심에서 회개하며 손실된 것 이상으로 갚아 드려야 하는 것이지요.

레위기 6장 2~5절을 보면 남의 물건을 맡거나 전당잡고도 그 사실을 부인하고 물건을 가로채었을 때, 강도질하거나 협박하여 취했을 때, 혹은 남이 잃어버린 물건을 얻고도 사실을 부인하여 자신이 취했을 때 그 죄를 사함 받는 방법이 나옵니다. 이는 하나님을 믿기 전에 잘못한 것을 회개하거나 부지중에 남의 것을 취한 뒤에 스스로 깨달았을 때 회개하여 사함 받는 방법입니다.

이런 죄를 속하려면 취한 물건만이 아니라 그 물건 가치의 5분의 1을 더하여 원래 주인에게 돌려주어야 합니다. 여기서도 5분의 1이란 꼭 숫자를 계산하라는 의미가 아니라 그만큼 중심의 회개를 행함으로 보일 때 하나님께서 죄를 사해 주신다는 의미입니다. 예를 들어, 과거의 모든 잘못을 일일이 계산하여 정확하게 갚을 수 없는 경우가 있지요. 이런 경우에는 이후로 열심히 회개의 행함을 보이면 됩니다. 자신이 일해서 번 돈으로 열심히 하나님 나라를 위해 드리며 어려운 사람을 구제하면 되는 것입니다. 이렇게 회개의 행함을 쌓아나갈 때 하나님께서 그 중심을 인정하고 죄를 사해 주십니다.

속건제나 속죄제를 드리는 데 있어 무엇보다 중요한 것은 회개임을 명심해야 합니다. 하나님께서 원하시는 것은 살진 송아지가 아니라 통회하는 심령입니다(시 51:17). 그러므로 우리가 하나님께 예배할 때에도 죄악을 깊이 회개하는 심령으로 그에 합당한 열매를 맺으며 예배해야 합니다. 여러분의 예배와 예물을 하나님께서 기뻐하시는 방법대로 드리며, 삶 전체를 하나님께서 기뻐하시는 산 제사로 드림으로 항상 풍성한 사랑과 축복 가운데 거하시기 바랍니다.

너희 몸을 거룩한 산 제사로 드리라

그러므로 형제들아 내가 하나님의 모든 자비하심으로 너희를 권하노니
너희 몸을 하나님이 기뻐하시는 거룩한 산 제사로 드리라
이는 너희의 드릴 영적 예배니라

로마서 12:1

솔로몬의 일천 번제와 축복

솔로몬은 20세의 나이로 왕위에 오른 인물입니다. 그는 어릴 때부터 나단 선지자에게 신앙 교육을 받으며 성장하여 하나님을 사랑하고 부친 다윗의 법도를 좇아 행했습니다. 그는 왕위에 오른 뒤 하나님께 정성 다해 일천 번제를 드립니다.

일천 번제를 드린다는 것은 결코 쉬운 일이 아닙니다. 구약 시대의 제사는 장소와 시간, 제물, 제사 방법 등에 많은 제약이 있었습니다. 또한 일반 백성과 달리 따르는 사람이 많고 하나님께 드리는 제물도 많으니 넓은 곳으로 가야 합니다. 솔로몬은 이스라엘 천부장과 백부장과 재판관과 온 이스라엘의 각 방백과 족장들을 명하고 온 회중과 함께 기브온 산당으로 갔습니다. 하나님의 회막 곧 모세가 광야에서 지은 것이 거기 있었기 때문입니다.

온 회중과 함께 솔로몬이 여호와 앞 곧 회막 앞에 있는 놋단에 이르러 그 위에 일천 희생으로 번제를 드렸습니다. 번제는 제물로 가져온 짐승을 전부 불태워 그 냄새로 드리는 제사법으로서 생명을 드리기 때문에 온전한 희생과 헌신을 의미한다 했지요.

그 밤에 하나님께서는 솔로몬의 꿈에 나타나서 물으셨습니다.

"내가 네게 무엇을 줄꼬 너는 구하라"(대하 1:7)

"주께서 전에 큰 은혜를 나의 아비 다윗에게 베푸시고 나로 대신하여 왕이 되게 하셨사오니 여호와 하나님이여 원컨대 주는 내 아비 다윗에게 허하신 것을 이제 굳게 하옵소서 주께서 나로 땅의 티끌같이 많은 백성의 왕을 삼으셨사오니 주는 이제 내게 지혜와 지식을 주사 이 백성 앞에서 출입하게 하옵소서 이렇게 많은 주의 백성을 누가 능히 재판하리이까"(대하 1:8~10)

솔로몬은 부나 재물, 존영이나 원수의 생명 멸하기를 구하지 아니하고 장수를 구하지도 아니하며 오직 왕으로서 백성을 잘 다스리기 위한 지혜와 지식을 구했습니다. 하나님께서는 이런 그의 대답을 기뻐하시고 지혜와 지식은 물론, 구하지 않은 부와 재물과 존영까지 넘치게 주셨습니다.

"그러므로 내가 네게 지혜와 지식을 주고 부와 재물과 존영도 주리니 너의 전의 왕들이 이 같음이 없었거니와 너의 후에도 이 같음이 없으리라"(대하 1:12)

이처럼 우리가 하나님께서 원하시는 영적 예배를 드리면 우리의 영혼이 잘되고 범사가 형통하며 강건하도록 축복하십니다.

성막 시대에서 성전 시대로

솔로몬의 부친 다윗 왕은 통일 왕국을 세운 후 안정을 누리게 되자 한 가지 마음에 걸리는 일이 있었습니다. 그때까지 하나님의 성전이 없었던 것입니다. 자신은 백향목 궁궐에 거하는데 하나님의 궤가 성막의 휘장 안에 안치되어 있는 것이 안타까워 성전을 건축하고자 합니다. 그러나 하나님께서는 이를 허락지 않으십니다. 다윗이 전쟁에서 피를 많이 흘렸기 때문에 하나님의 거룩한 성전을 짓기에 적합하지 않았던 것입니다.

"여호와의 말씀이 내게 임하여 이르시되 너는 피를 심히 많이 흘렸고 크게 전쟁하였느니라 네가 내 앞에서 땅에 피를 많이 흘렸은즉 내 이름을 위하여 전을 건축하지 못하리라"(대상 22:8)

"오직 하나님이 내게 이르시되 너는 군인이라 피를 흘렸으니 내 이름을 위하여 전을 건축하지 못하리라 하셨느니라"(대상 28:3)

다윗 왕은 비록 성전 건축의 꿈을 이루지 못했지만 감사함으로 하나님 말씀에 순종합니다. 그리고 다음 왕인 솔로몬이 성전을 지을 수 있도록 금, 은, 놋, 보석, 백향목 등 건축 재료를 모으는 등 만반의 준비를 갖추었지요.

솔로몬은 즉위한 지 4년에 하나님의 뜻을 받들어 성전 건축을 결심하고 예루살렘 모리아 산에 건축하기 시작하여 7년 만에 완공했습니다. 이스라엘 백성이 출애굽한 지 480여 년이 지나 하나님의 성전이 완성된 것입니다. 솔로몬은 성막 안의 증거궤(언약궤)와 모든 거룩한 성물을 성전으로 옮겨옵니다.

제사장들이 증거궤를 성전의 지성소에 들이고 나올 때에 하나님의 영광이 성전에 가득 임하니 "제사장이 그 구름으로 인하여 능히 서서 섬기지 못하였으니 이는 여호와의 영광이 여호와의 전에 가득함이었더라"(왕상 8:11) 했습니다. 이로써 성막 시대가 종결되고 성전 시대가 열린 것입니다.

솔로몬의 성전 봉헌 기도를 보면, 혹여 백성이 범죄하여 어떤 재앙이 임할지라도 회개하고 돌이켜 하나님의 전을 향하여 전심으로 구하면 하나님께서 들으시고 사하여 달라고 합니다.

"종과 주의 백성 이스라엘이 이곳을 향하여 기도할 때에 주는 그 간구함을 들으시되 주의 계신 곳 하늘에서 들으시고 들으시사 사하여 주옵소서"(왕상 8:30)

솔로몬 왕은 성전을 건축하여 드리는 것이 얼마나 하나님을 기쁘시게 하는 일이며 축복인지를 잘 알았기에 이처럼 담대히 구한 것입니다. 그의 간구를 들으신 하나님은 놀라운 축복의 말씀으로 응답하셨습니다.

"네가 내 앞에서 기도하며 간구함을 내가 들었은즉 내가 너의 건축한 이 전을 거룩하게 구별하여 나의 이름을 영영히 그곳에 두며 나의 눈과 나의 마음이 항상 거기 있으리니"(왕상 9:3)

그러므로 오늘날도 하나님이 거하시는 거룩한 성전에서 마음과 뜻과 정성을 다해 예배드릴 때 하나님께서 만나 주시고 마음의 소원에 응답하시는 것입니다.

영적 예배와 육적 예배

성경을 통하여 우리는 하나님이 받지 않으시는 예배도 있음을 알수 있습니다. 예배드리는 중심이 어떠한지에 따라 하나님께서 받으시는 영적 예배와 받지 않으시는 육적 예배가 있는 것입니다.

창세기 4장을 보면 불순종한 아담과 하와가 에덴동산에서 쫓겨난 뒤 자녀를 낳았는데 맏아들은 가인이었고, 다음은 아벨이었습니다. 이들이 장성하여 하나님께 제사를 드리게 되었는데 가인은 농사를 지어 그 소산으로 제물을 드렸고 아벨은 자기가 기른 양의 첫 새끼와 기름으로 드렸습니다. 이때 하나님께서는 아벨과 그 제물은 열납하셨으나 가인과 그 제물은 열납하지 않으셨습니다.

하나님께서 아벨의 제물만 받으신 이유는 무엇일까요? 하나님께 드리는 제사는 영계의 법칙에 의해 죄를 사할 수 있는 피의 제사여야 합니다(히 9:22). 그러므로 구약에는 소나 양 같은 짐승을 제물로 삼았고 신약에서도 하나님의 어린 양이신 예수님께서 피 흘리심으로 화목 제물이 되어 주셨습니다.

히브리서 11장 4절에 "믿음으로 아벨은 가인보다 더 나은 제사를 하나님께 드림으로 의로운 자라 하시는 증거를 얻었으니 하나님이 그 예물에 대하여 증거하심이라 저가 죽었으나 그 믿음으로써 오히려 말하느니라" 말씀합니다. 즉 아벨은 하나님의 뜻대로 피의 제사를 드렸기 때문에 그 제물을 받으셨고, 가인은 하나님의 뜻대로 드린 제사가 아니므로 받지 않으신 것입니다.

레위기 10장 1~2절에는 여호와께서 명하지 않은 다른 불로 여호와 앞에 분향하다가 불에 삼킴 당한 나답과 아비후에 대해 기록하고 있습니다. 그런가 하면 사무엘상 13장에는 사울 왕이 사무엘의 제사장 직무를 범하여 하나님께 버림받는 장면이 나옵니다. 사울 왕은 블레셋과의 접전을 앞두고 사무엘 선지자가 정한 기한에 오지 않자 자신이 나서서 제사를 올립니다. 제사를 마치자 사무엘이 당도하지요. 사울은 백성이 흩어지므로 부득불 그럴 수밖에 없었다고 변명합니다. 이에 사무엘은 "왕이 망령되이 행하였도다"라고 책망하며 하나님이 그를 버리셨음을 알려 줍니다.

말라기 1장 6~10절에는 이스라엘 자손이 하나님 앞에 제사 드릴 때에 최상의 것으로 드리지 않고 자신들에게 쓸모없는 것으로 드렸기에 하나님께서 책망하며, 종교적인 형식은 갖추었다 해도 마음이 담기지 않은 예배는 받지 않겠다고 말씀하셨지요. 이는 오늘날로 말하면 영적 예배가 아닌 육적 예배는 받지 않으신다는 의미입니다.

하나님께서는 신령과 진정으로 드리는 영적 예배를 기뻐 받으시고

(요 4:23~24) 의와 인과 신을 이루어 나갈 수 있도록 축복하십니다. 예수님 당시의 바리새인과 서기관들도 장로의 유전은 엄격히 지켰으나 그 중심은 하나님께 진정으로 예배하는 것이 아니었으므로 예수님께서 크게 책망하셨습니다(마 15:7~9, 23:13~18). 하나님께서는 이렇게 자기 방식대로 드리는 예배를 받지 않으십니다.

예배는 하나님께서 명하신 원칙을 따라 드려야 합니다. 이런 점에서 기독교는 자신들의 필요에 의해서 예배를 만들고 자기 마음에 흡족함을 주는 방법으로 예배하는 이방종교와 분명하게 구별됩니다. 육적인 예배는 성전에 와서 예배 의식에만 참여할 뿐 그 외의 의미는 없는 예배이며, 영적인 예배는 하나님을 사랑하는 자녀들이 신령과 진정으로 예배에 참여하며 중심을 다해 하나님께 경배하는 것을 말합니다. 이처럼 같은 시간, 같은 공간에서 예배를 드렸다 해도 마음 중심에 따라 어떤 사람의 예배는 하나님께서 받으시지만, 어떤 사람의 예배는 받지 않으십니다. 사람 편에서 아무리 성전에 나와 예배를 드렸다 해도 하나님께서 "너의 예배를 받지 않았다" 하시면 아무 소용이 없지요.

너희 몸을 거룩한 산 제사로 드리라

우리는 예배드리기 위해 부르심을 받았습니다. 우리의 존재 이유가 하나님께 영광 돌리는 것이라면 우리 삶의 초점은 예배가 되어야 하고 순간순간을 예배드리는 자세로 살아야 합니다. 하나님이 받으시는 거록한 산 제사 곧 신령과 진정으로 드리는 예배란 월요일부터 토요일까지 자기 마음대로 살다가 주일 예배에 한 번 참석하는 것으로 이루어지는 것이 아닙니다.

교회에 나가 예배를 드리는 것은 예배드리는 삶의 연장일 뿐입니다. 삶과 분리된 예배는 진정한 예배가 아니므로 우리의 삶 전체가 하나님께 드려지는 영적인 예배의 삶이 되어야 합니다. 성전에 나와 합당한 절차와 의미를 좇아 아름답게 경배드릴 뿐 아니라 매일의 생활 속에서도 하나님의 모든 규례를 지키며 거룩하고 정결한 삶을 살아야 하는 것이지요.

로마서 12장 1절에 "그러므로 형제들아 내가 하나님의 모든 자비하심으로 너희를 권하노니 너희 몸을 하나님이 기뻐하시는 거룩한 산 제사로 드리라 이는 너희의 드릴 영적 예배니라" 말씀합니다. 예수님께서 자신의 몸을 희생 제물로 드림으로 모든 인류를 구원하신 것처럼 하나님께서는 우리 몸을 거룩한 산 제사로 드리기 원하십니다.

우리 마음 안에는 하나님과 하나이신 성령께서 거하시므로 눈에 보이는 성전 건물만이 아니라, 우리 자신이 바로 하나님의 성전이 되었습니다(고전 6:19~20). 따라서 진리 안에서 날마다 더욱 새로워지며 거룩하게 자신을 지켜 나가야 합니다. 항상 마음에 말씀과 기도와 찬양이 흘러넘치고 무엇을 하든지 하나님을 경배하는 중심으로 행할 때 우리 몸을 하나님께서 기뻐하시는 거룩한 산 제사로 드리는 것입니다.

하나님을 만나기 전에 저는 오랜 질병으로 아무런 소망도 없는 나날을 보냈습니다. 7년간 병상에 있다 보니 병원비와 약값으로 감당할 수 없을 만큼 많은 부채를 지고 가난에 허덕이며 살았습니다. 그러나 하나님을 만난 뒤 모든 것이 달라졌습니다. 하나님께서는 단번에 모든 질병을 치료해 주셨고, 저는 새로운 삶을 시작한 것입니다.

하나님께서 베푸신 은혜가 너무나 감사하여 저는 하나님을 첫째로 사랑하였습니다. 주일이 되면 새벽에 일어나 반드시 목욕을 하고 속옷도 항상 깨끗하게 세탁한 것으로 갈아입었습니다. 토요일 저녁에 잠깐 신었던 양말이라도 주일에 다시 신고 간 적이 없습니다. 또 겉옷도 가장 깨끗하고 단정한 것으로 입었지요.

그렇다 해서 예배를 드리러 올 때에 외모를 치장하라는 의미는 아닙니다. 진정 하나님을 마음에서 믿고 사랑한다면 하나님을 높여 드리러 나올 때에 자연히 정성을 다해 준비할 수밖에 없는 것이지요. 형편상 옷이 많지 않다 해도 이처럼 정성을 들이는 일은 누구나 할 수 있습니다.

하나님께 드리는 헌금도 항상 새 돈으로 준비해서 드렸습니다. 새 돈이 생기면 헌금할 돈으로 따로 챙겨 놓곤 했지요. 아무리 급히 쓸 데가 생겨도 헌금하기 위해 구별해 놓은 돈에는 절대 손을 대지 않았습니다. 구약 시대에도 제사를 드릴 때에 각 사람의 형편에 따라 차등은 있지만 반드시 제물을 준비해서 제사장 앞에 나갔습니다. 출애굽기 34장 20절에 "빈손으로 내 얼굴을 보지 말지니라" 말씀하셨기 때문입니다.

저는 부흥 강사님을 통해 배운 대로 예배드릴 때에는 크든 작든 반드시 예물을 준비했습니다. 부채가 많아 부부가 벌어도 이자조차 갚기 어려운 형편이었지만 하나님께 드릴 때에 인색한 적이 없고 드린 뒤에 후회한 적은 더더욱 없습니다. 그것으로 영혼을 구원하고 하나님의 나라와 의를 이루는 데 쓰이니 어찌 후회하겠습니까.

이런 정성을 보신 하나님께서 때가 되자 그 많던 부채를 갚을 수 있도록 축복하셨습니다. 저는 장차 훌륭한 장로가 되어 가난한 사람을 구제하고 고아와 과부, 병든 사람을 도우며 살게 해달라고 기도했지요. 그런데 하나님께서는 뜻밖에 저를 주의 종으로 부르시고 수많은 영혼을 구원하는 대형교회로 성장할 수 있도록 인도하셨습니다. 참으로 감사한 것은 비록 장로가 되지 않았지만 예전에 기도한 것 이상으로 수많은 사람을 구제하며 병든 사람을 치료하도록 큰 권능을 주셨다는 점입니다.

그리스도의 형상을 이루기까지

자녀를 낳아 양육할 때에 사랑과 정성으로 기꺼이 수고하듯이 영적으로도 한 영혼, 한 영혼을 갈무리하여 진리로 이끌기까지는 많은 수고와 인내와 희생이 필요합니다. 사도 바울은 갈라디아서 4장 19절에 "나의 자녀들아 너희 속에 그리스도의 형상이 이루기까지 다시 너희를 위하여 해산하는 수고를 하노니" 고백하지요.

　저 역시도 한 영혼을 천하보다 귀히 여기며 만민이 구원에 이르기를 원하시는 하나님의 마음을 알기에 한 사람이라도 더 구원의 길로 인도하기 위해, 나아가 새 예루살렘으로 이끌기 위해 부단히 노력하고 있습니다. 어찌하면 성도들의 믿음을 그리스도의 장성한 분량에까지 자라게 할 수 있을까 하여 틈만 나면 기도하고 말씀 준비를 해 왔습니다. 때로는 성도들을 만나 즐거운 대화를 나누고도 싶지만, 양 떼를 바르게 인도해야 할 목자로서의 책임이 있기에 모든 것을 절제하며 사명을 감당해 왔던 것입니다.

　제가 모든 성도에게 바라는 두 가지 소원이 있습니다. 첫 번째는 많은 성도가 단지 구원받는 데 그치지 않고 가장 영화로운 천국인 새 예루살렘에 이르는 것, 두 번째는 모든 성도가 가난을 벗고 부유한 삶을 영위하는 것입니다. 교회가 부흥할수록 구제해야 할 성도, 치료해 주어야 할 성도도 많아지니 일일이 마음 쓰는 자체가 육적으로 보면 쉽지 않습니다.

　그러나 무엇보다 저를 힘들게 하는 것은 성도들이 죄를 지을 때입니다. 죄를 지으면 새 예루살렘과는 거리가 멀고, 어떤 경우는 구원받기도 어려우며, 죄의 담을 헐어야 치료받을 수 있다는 것을 알기 때문입니다. 그러니 죄 지은 성도들을 위해 하나님 앞에 매달리는 과정에서 잠 못 이루고 경련과 싸우며 말로 다할 수 없는 눈물과 진액을 쏟는 시간들이 흘렀고 무수한 금식과 기도가 쌓였습니다.

하나님께서는 이것을 받으시고 구원받기 어려운 사람도 회개하여 구원에 이를 수 있도록 은혜 주신 경우도 헤아릴 수 없이 많지요. 또 전 세계 무수한 영혼들도 성결의 복음과 권능을 접할 수 있도록 구원의 문을 넓혀 주셨습니다.

이를 통해 많은 성도가 진리 안에서 아름답게 성장해 가는 것을 볼 때 참으로 목회자로서의 보람을 느끼곤 합니다. 흠도 티도 없이 깨끗하신 주님께서 자신을 희생하여 향기로운 제물이 되어 주셨듯이(엡 5:2), 저도 모든 삶을 오직 하나님의 나라와 영혼들을 위해 거룩한 산 제사로 드리고자 생명 다해 나아가고 있습니다.

부모는 어린 자녀가 어버이날에 색종이로 만든 카네이션을 처음으로 달아 줄 때 너무나 행복해합니다. 비록 모양은 예쁘지 않다 해도 사랑하는 자녀가 만들었기에 기뻐하는 것입니다. 물론 자녀들이 장성할수록 부모를 사랑하는 표현도 달라지지요. 하나님께서도 그 자녀들이 사랑의 마음으로 정성을 다한 예배를 드릴 때 기뻐하며 축복하십니다.

물론 일주일 동안 내 마음대로 살다가 주일에만 정성을 다하는 것이 아니라 누가복음 10장 27절 말씀대로 삶 속에서 마음을 다하고 성품을 다하고 힘을 다하고 뜻을 다하여 하나님을 사랑하며 거룩한 산 제사로 드려야 하지요. 이처럼 신령과 진정으로 예배하여 아름다운 마

음의 향을 올려 드림으로 범사에 하나님께서 예비하신 축복을 마음껏
받아 누리시기를 주님의 이름으로 축원합니다.

가난한 농부의 아들, 나꾸마트의 매니저가 되기까지

우리가 선을 행하되

낙심하지 말지니

피곤하지 아니하면

때가 이르매 거두리라

(갈 6:9)

1984년, 그는 고향인 케냐 키수무를 떠났습니다. 직업학교에서 농업과정을 이수했지만 취업이 어려웠기에 나꾸루 시로 향했지요. 힘들었지만 열심히 일한 덕분에 생활은 차츰 안정되어 갔습니다.

그런데 2006년, 다니던 회사가 문을 닫으면서 키수무에 있는 한 매장을 인수해 직접 사업을 시작했습니다. 화물 운송업에도 손을 대었지요. 그러나 잠시 번창하는 듯하던 사업은 고전을 면치 못했습니다.

마침내 매장 임차료조차 낼 수 없는 지경에 이르렀습니다. 2008년 6월에는 은행 대출금 상환이 불가능해지자 결국 매장을 경매로 넘길 수밖에 없었습니다. 눈덩이처럼 불어난 부채로 정신적 압박은 가중되고, 극심한 생활고로 허덕였습니다. 9월경, 주변 분의 도움으로 '브랜드 임포츠'(Brand Imports)라는 식품수입회사 창고 관리 자리에 들어갈 수 있었습니다.

어느 날, 퇴근길에 우연히 나이로비 만민성결교회 현판이 눈에 들어왔습니다. 왠지 마음이 끌려 그 주에 바로 교회에 갔습니다. 오전 대예배를 드린 후 마음이 평안했습니다. 저녁예배 말씀은 무엇일까 무척이나 기다렸지요. 그때 정명호 담임 목사님이 설교하신 욥기 강해를 듣고 자신도 모르게 두 볼에 눈물이 주르륵 흘러내렸습니다. 하나님을 믿는다 하면서 교만과 아집으로 살아온 삶이 얼마나 헛되고 헛된지 깨달았습니다.

그 뒤 그의 삶은 180도 바뀌었습니다. 주일 성수는 물론, 밤마다 열리는 다니엘철야 기도회에 참석하며 하나님을 찾고 또 찾았습니다. 직장에서는 직원들과 함께 아침기도회로 하루를 시작하는 걸 잊지 않았습니다. 믿음으로 기도하면서 하나님 말씀에 순종하려고 힘썼지요.

이처럼 하나님의 뜻대로 행하니 제가 생각지도 못한 일이 벌어졌습니다. 예전에 그와 힘께했던 상사가 사장님의 마음을 움직여, 그가 나꾸마트의 지역총괄 매니저로 임명된 것입니다. 나꾸마트는 케냐에 19개, 우간다 캄팔라, 르완다 기갈리에 각각 지점이 있는 대형 유통업체로 정식 직원이 2천 명이 넘습니다.

주일에도 영업을 해야 하는 근로 여건 때문에 그는 이재록 목사님이 총재로 계시는 빛과 소금 선교회(주일에도 근무해야 하는 유통업과 요식업 종사자를 위한 초교파 선교단체)를 본받아 나꾸마트 직원 복음화에 전력하고 있습니다.

저자 이재록 목사

불같은 성령의 역사로 만민을 깨우는 권능의 목회자.

1982년 13명의 성도로 시작된 만민중앙교회를 성령의 역사 속에 전 세계 1만 1천여 지·협력 교회와 함께 사역하는 초대형 교회로 성장시켰다. 예수님께서 복음을 전하신 후 따르는 표적으로 말씀을 입증한 것처럼 이재록 목사는 하나님께서 함께하시는 권능을 통하여 성경이 참된 진리임을 확증하고 있다.

우간다, 일본, 파키스탄, 케냐, 필리핀, 온두라스, 인도, 러시아, 독일, 페루, 콩고민주공화국, 미국, 에스토니아, 이스라엘 등에서 연합대성회 부흥사로 활발하게 사역해 왔으며 집회 시 폭발적인 권능의 역사가 나타나 CNN 등에 보도되었다. 영어권 기독 포털 사이트 '크리스천 텔레그래프'와 러시아어권 세계적 포털 사이트 '인빅토리' 공동으로 세계에서 가장 크게 영향을 끼친 10대 기독교 지도자로 2년 연속 이재록 목사를 선정한 바 있다.

GCN 방송을 통해 성결의 복음과 하나님의 권능을 전 세계에 전파하고 있으며 〈죽음 앞에서 영생을 맛보며〉를 비롯하여 〈십자가의 도〉, 〈천국 상·하〉, 〈지옥〉, 〈믿음의 분량〉, 〈하나님의 벗 아브라함〉 등 100권이 넘는 다양한 신앙 저서로 성도들의 영적 성장을 이끌고 있다.

한 영혼도 잃지 않기를 원하시는 하나님의 사랑의 섭리를 이루어 드리고자 말씀과 기도에 전무하고 있다.

전 세계 영혼을 깨우는 **이재록 목사** 저서 안내

이재록 목사 간증 수기
죽음 앞에서 영생을 맛보며
멈추지 않는다

이재록 목사 자서전
나의 삶 나의 신앙 ①, ②

대표 설교집
십자가의 도
믿음의 분량
천 국 (상·하)
지 옥
영혼육 (상·하)
사랑장/ 사랑은 율법의 완성
성령의 열매/ 이 같은 것을 금지할 법이
　　　　　 없느니라

강해설교집
요한복음/ 주님의 자취 (상·하)
고린도전서 강해 (상·하)
요한일서/ 하나님의 씨
욥기/ 육의 사람 영의 사람 (상·하)

영성이 깨어나는 시(詩)
고백
눈물

가나안 정복사
젖과 꿀이 흐르는 땅

이상적인 교회 지침서
일곱 교회

마지막 때 이스라엘 예언서
깨어라 이스라엘

성결과 권능 시리즈
(2주연속 특별 부흥성회 설교집)
입문 편
죄와 의와 심판에 대하여
내가 시행하리니
의인은 믿음으로 살리라
실천 편
와 보라! 살아 계신 하나님의 증거를
믿음으로 모든 세계가 하나님의 말씀으로
지어진 줄을 우리가 아나니
권 능
근본의 소리를 발하라
핵심 편
육과 영
하나님의 선하신 뜻
하나님은 빛이시라
하나님은 사랑이시라
네 영혼이 잘됨같이

성경 인물 시리즈
하나님의 벗 아브라함
나의 택한 야곱아 나의 벗
아브라함의 자손아
하나님 언약의 통로 요셉
엘리야를 너희에게 보내리니

주제설교 모음
믿음 편/ 바라는 것들의 실상이요
　　　　 보지 못하는 것들의 증거니
응답 편/ 내 이름으로 주시리라
예배 편/ 신령과 진정으로 예배할 것은
기도 편/ 시험에 들지 않게 깨어 기도하라
치료 편/ 치료하는 여호와
십계명 편/ 하나님의 법도
팔복 편/ 참된 복을 좇는 자
열재앙 편/ 거역된 삶과 순종의 삶

권능 역사서
기이한 일
희한한 능

칼럼 모음
등불
잠언/ 지혜의 샘
생명의 샘
만화로 보는 지혜의 샘 (상·하)

자기 주도 학습법
공부 잘하는 비결

자기계발서
지혜

헌신예배 설교 모음
사명과 헌신
맡은 자의 구할 것은 충성

방송설교집
영원한 것을 위하여
겉옷을 내어 버리라
깊은 데로 가서 그물을 내리라

설교자료, 구역공과 교재
엿새 동안의 만나 (상·하)
감추었던 만나 1

학습 세례 문답서
신앙인의 기본

독후감 수상집
내 삶의 등불

성지순례 화보집
갈릴리여 꽃보다 붉은 사랑이여

성도 신앙 간증집
살아 계신 하나님의 증거들
주 예수를 믿으라
나를 만나 주신 하나님
하나님은… !

핸디북
사랑장/ 사랑은 율법의 완성
성령의 열매/ 이 같은 것을 금지할 법이
　　　　　　 없느니라
팔복/ 참된 복을 좇는 자
십자가의 도/ 예수 그리스도만이
　　　　　　 우리의 구세주가 되십니다
믿음의 분량/ 믿음에도 분량이 있습니다
천국 (상)

아동 공과교재 (주니어 Bible Study)
믿음에도 분량이 있어요
하나님의 법도 십계명
성령의 열매를 맺어요
사랑은 율법의 완성 ①, ②
참된 복을 좇는 어린이 ①, ②
십자가의 도 ①, ②
선
공부 잘하는 비결
하늘문이 열리는 파워 기도
출발! 아름다운 천국여행
7일간의 섭리
하나님의 벗 아브라함
하나님 언약의 통로 요셉

학생 공과교재 (청소년 Bible Study)
젖과 꿀이 흐르는 땅 ①, ②
선
믿음의 분량
지혜와 명철
공부 잘하는 비결
주님의 자취 ①, ②
사람이 다스려야 하는 몸의 행실
십자가의 도 ①, ②
만나Time
하나님의 벗 아브라함
하나님 언약의 통로 요셉

유아 유치 공과교재 (키즈 Bible Study)
공부야, 놀자!
나는 예수님 닮은 기도대장!
선

Tel 02-837-7632, 070-8240-2072, Fax 02-869-1537　우림북 urimbooks.com

● 전자책(e-book) 구입 : 한국어 및 외국어 번역 도서 – 인터넷 교보, 리디북스 등 전자책 서점, 아마존닷컴(amazon.com), iBookstore, 구글플레이북 스토어 등

신령과 진정으로 예배할 것은

초판 1쇄 발행   1992. 5. 15.
  3쇄 발행   1997. 4. 30.
 2판 1쇄 발행   2010. 2. 28.
  2쇄 발행 2012. 5. 4.

지은이 이재록
발행인 빈성건
편집인 빈금선

발행처 우림북
전 화
(편집부) TEL 02)851-3845, 070-8240-5611
    FAX 02)851-3854
(영업부) TEL 02)837-7632, 070-8240-2072
    FAX 02)869-1537

등록번호 제1-904호

ISBN 978-89-7557-302-6
ISBN 978-89-7557-067-4 (set)

우림

우림은 구약 시대에 대제사장이 하나님의 뜻을 묻기 위해 사용하던 판결 흉패이며,
히브리어로 '빛'이라는 의미가 있습니다(출애굽기 28:30).
빛은, 곧 하나님 말씀이며 생명입니다.
우림북은 온 누리에 참 빛을 비추고자 오늘도 기도와 정성으로 문서선교 사역에 앞장서고 있습니다.